Felix Hutt

Lucky Loser

Felix Hutt

Lucky Loser

Wie ich einmal
versuchte, in die
Tennis-Weltrangliste
zu kommen

ullstein extra

Für
Eitzi, Satsche, Régis, Maxi, Olli, Renze, Mäx, Marco,
Blankito, Cristian, Nussi, Julian, Peter, Gojo, Bachi,
n' Hoser, Vladi, Franzi, Noam, Volker,
Andrew, Axel, Luis, Pavol, Butch
und die anderen Verrückten.

Ullstein extra ist ein Verlag der Ullstein Buchverlage GmbH
www.ullstein.de

ISBN 978-3-86493-065-2

4. Auflage 2020
© Ullstein Buchverlage GmbH, Berlin 2019
Alle Rechte vorbehalten
Gesetzt aus der Kepler
bei Pinkuin Satz und Datentechnik, Berlin
Druck und Bindung: CPI books GmbH, Leck
Printed in Germany

»Wenn man Erfolg haben will, dann klappt es garantiert nie. Ab dem Moment, wo man Erfolg haben will, macht man was, was man nicht machen will, weil man will ja Erfolg haben. Das ist genauso, wie wenn man Musik macht für Fans, überlegt: ›Was könnte dem Fan gefallen?‹ Ab dem Moment, wo man das denkt, kann man aufhören.«

Flake, Rammstein

»Don't let the Tour take away your run in the morning and your book in the evening.«

Bob Brett, Trainerlegende

Inhalt

	First Serve (Prolog)	9
1.	Der erste Versuch – Kambodscha	16
2.	Die Wiedererweckung meines Traums – Südafrika	27
3.	Kaltstart – München	42
4.	Siegen lernen – Sardinien	56
5.	Die Ochsentour – Bayern	78
6.	Nichts passiert ohne Grund – Südafrika II	90
7.	Im Paradies – Pakistan	118
8.	Das Match um die Weltrangliste – Pakistan II	153
9.	Winterkrise – München	168
10.	Gefangen im Sunrise-Resort – Türkei	174
11.	Die auf dem Vulkan tanzen – Israel	181
12.	Feuer & Regen – Uganda	194
13.	Gegen die Wand – Uganda II	208
14.	Bonus Track – Zehn Dinge, die man vom Tennis fürs Leben lernen kann	222

First serve (Prolog)

Am Sonntagnachmittag des 23. Juli 2017 spielte der Argentinier Leonardo Mayer auf dem Center Court am Hamburger Rothenbaum gegen den Berliner Rudolf Molleker. Es war die letzte Runde der Qualifikation. Mayer hatte das größte deutsche Tennisturnier vor drei Jahren gewonnen. Er musste durch die Qualifikation, weil er wegen Verletzungen in der Weltrangliste abgerutscht war. Für Molleker, 16 Jahre alt, war es der erste Auftritt bei einem großen Turnier. Mayer spielte schlecht. Molleker frech. Er hatte nichts zu verlieren und gewann mit 6:3 im dritten Satz. Die Zuschauer erhoben sich nach dem Matchball und klatschten, minutenlang.

Mayer hätte nach seiner Niederlage gedemütigt abreisen können, aber er beschloss, noch ein paar Tage in Hamburg zu trainieren. Er mochte den langsamen Sandplatz, schrieb sich als Lucky Loser ein. Sollte ein Spieler aus dem Hauptfeld absagen, käme er auf diesem Weg vielleicht doch zum Zug. Nach dem letzten Match der Qualifikation wurde eine Reihenfolge unter den Lucky Losern ausgelost. Der erste auf der Liste würde der erste Nachrücker sein, der achte hatte wenig Chancen.

Mayer stand oben auf der Lucky-Loser-Liste. Der Slowake Martin Kližan zog zurück. Mayer durfte im Hauptfeld antreten.

Leonardo Mayer steigerte sich von Runde zu Runde und gewann am Ende das Turnier. Eine Woche nach seiner Niederlage gegen Rudi Molleker erhielt er 500 Weltranglistenpunkte und 323 145 Euro Preisgeld. Mayer war der erste Lucky Loser, der ein Turnier der 500er-Kategorie gewann.

Ein Lucky Loser ist kein Verlierer. Ein Lucky Loser ist ein Tennisspieler, der eine zweite Chance bekommt. So wie Leonardo Mayer. Oder ich. Mayer nutzte seine zweite Chance für den Turniersieg in Hamburg. Aus meiner zweiten Chance entstand dieses Buch.

Ich heiße Felix Hutt, bin 1,88 Meter groß und wurde am 1. Februar 1979 im Kreiskrankenhaus Stuttgart-Bad Cannstatt geboren. Ich habe blaugrüne Augen, glaube an Horoskope und Pearl Jam, wiege nie, was ich sollte, weiß zu selten, was ich will, aber immer, wovon ich träume. Ich träumte seit meiner Jugend von einem ATP-Punkt. Mit einem ATP-Punkt war man in der Weltrangliste. Dafür musste man eine Runde im Hauptfeld eines Futures gewinnen. So werden die unterklassigen Weltranglistenturniere genannt. Ich wollte einmal meinen Namen in der Weltrangliste lesen.

Ich bin auf eine Reise gegangen, um mir diesen Traum zu erfüllen, und an ihrem Ende kam ich bei mir selbst an. Ich habe mein Tennisbag auf den Rücken gepackt, wie der Globetrotter seinen Rucksack, und bin los. Ich habe versucht, täglich zu trainieren, mich gesund zu ernähren, den Verlockungen zu widerstehen. Ich bin unter anderem nach Kambodscha, Pakistan und Uganda gereist, weil die Weltranglistenturniere in exotischen Ländern schwächer besetzt waren. »Buschpunkte« nannten die Profis die Punkte auf diesen Turnieren. Mir war egal, wie sie hießen, die ATP-Punkte dort zählten genauso viel wie die, die ich in Europa erringen konnte. Ich habe akzeptiert, dass ich von den Ländern auf meiner Reise wenig sehen würde, obwohl sie mich interessierten. Es ging mir nicht um Sightseeing oder kulturelle Bildung, sondern um Training und Turniere, Gewinnen und Verlieren. Ich habe versucht, Ablenkung und Anstrengung außerhalb des Platzes zu vermeiden, den Körper regenerieren zu lassen. Ich wollte für dieses Buch wie ein Tennisprofi leben.

Ich habe vor meiner Reise nicht lange die Pros und Contras abgewogen. Mir nicht überlegt, was vernünftig ist oder Schlimmes passieren konnte. Ich bin einfach meinem Gefühl gefolgt. Ich war in einem Alter, in dem ich der Coach vieler meiner Gegner hätte sein können. Ein Tennis-Senior. Zu alt, zu dick, zu desillusioniert, zu untrainiert, zu müde, zu pessimistisch. Ein bisschen wie Mickey Rourke in *The Wrestler*. Doch ich musste noch einmal in den Ring. Tennis hatte eine zu große Bedeutung für mich gehabt, um es einfach so ausklingen zu lassen. Ich wollte Frieden schließen mit diesem Sport, dieser Leidenschaft, diesem Leben. Mit den Niederlagen, die ich nicht vergessen konnte. Ich hätte es mir nicht verziehen, wenn ich es nicht gewagt hätte aufzubrechen. Es war nicht schlimm zu scheitern, aber es war schlimm, es nicht zu versuchen. So abgedroschen der Spruch auch klingen mochte, ich fand ihn zutreffend.

Vor der Reise waren die Bahnen meines Lebens vorgezeichnet. Wie bei vielen meiner Freunde. Glück hatte für uns häufig zu bedeuten: Festanstellung, Eigentumswohnung, Auto, gedecktes Konto, Frau, Kinder, Labrador, italienische Kaffeemaschine. Ich will nicht sagen, dass es die falschen Ziele waren, aber mich langweilte ihre Konformität, die dann doch selten zum Glück führte.

Meine Idee, aufzubrechen, um ein Mal im Leben in die Tennis-Weltrangliste zu kommen, hielt ich anfangs für die Vorhut einer Midlife-Crisis: die Verwirklichung einer Bucket List. Aus den gewohnten Bahnen ausbrechen. Eine Flucht vor dem Alltag mit seinen Verpflichtungen und Routinen. Wie banal, tausendfach gehört und gelesen. Aber es entwickelte sich dann alles anders. Ich lief vor nichts weg. Ich kam ständig an. Ich lernte mich besser kennen.

Die Erinnerungen haben sich auf meine Festplatte gebrannt. Sie sind nicht mehr zu löschen. Die Erfahrungen, Anekdoten und vor allem die Begegnungen haben für mich einen Wert, den kein Statussymbol erreichen kann. Einer meiner neuen Freunde spielt jetzt Davis Cup für Neuseeland. Ich werde ihn bald bei den Australian Open besuchen. Einer meiner Gegner wurde wegen Matchfixing, Spielmanipulation im Zusammenhang mit Sportwetten, zu 250 000 Dollar Strafe verurteilt und lebenslang gesperrt. Ihn werde ich nicht mehr sehen.

Ich habe nicht aufgegeben, als sich das Projekt gar nicht mehr lustig anfühlte. Ich habe vom Training, den Matches und den Gegnern viel für mein Leben gelernt. Ich bin geduldiger und toleranzfähiger geworden. Wenn man in Ugandas Hauptstadt Kampala versucht, ein Match zu gewinnen, während neben dem Platz ein Musikfestival stattfindet, dann stört es einen nicht mehr so sehr, wenn die Bahn Verspätung hat oder die Schlange an der Supermarktkasse sich nicht bewegen will.

Es gibt viele Erzählungen, die zwischen dem sportlichen Wettkampf und dem Leben Parallelen ziehen. Das Drama des Boxkampfes, die Einsamkeit des Torhüters, der Mut des Skispringers. Ich glaube, dass es keinen Sport gibt, der einem so viel fürs Leben mitgeben kann wie Tennis. Man muss seinen Gegner lesen können und sollte ihm wenig von sich selbst preisgeben. Man braucht Ausdauer, Beweglichkeit, Koordination, Konzentration, Schnellkraft, strategisches Denken und den Willen, über Stunden Selbstzweifel und äußere Widrigkeiten, wie die Beschaffenheit des Platzes oder das Wetter, zu überwinden. Im Tennis gibt es keinen glücklichen Zufall, keinen Lucky Punch und keinen Ausgleich in letzter Minute. Es gibt nur Sieg oder Niederlage. Egal wie hoch man führt, wenn man den letzten Punkt nicht macht, kann der Gegner jederzeit zurückkommen. Und: Wer ein Tennismatch gewinnen will, muss über einen langen Zeitraum viele Punkte gewinnen. Selten läuft es dabei so, wie man es geplant hat. Tennisspieler müssen eine hohe Frustrationstoleranz entwickeln, wenn sie erfolgreich sein wollen. Das eigene Unvermögen, der Netzroller des Gegners im falschen Moment, die Sonne, die beim Aufschlag den Ball verschluckt, der Typ am Zaun, der laut auf seinem Handy telefoniert – in jedem Match gibt es viele Gründe, die für eine Niederlage verantwortlich gemacht werden können. Aber wer sich leicht aus der Fassung bringen lässt, der wird verlieren.

Günter Bresnik, der Trainer von Österreichs Nummer eins, Dominic Thiem, sagte einmal: »Ich würde jedem Kind professionelles Tennistraining empfehlen, selbst wenn es keine Chance hat, jemals einen einzigen Dollar Preisgeld zu gewinnen. Es gibt keine bessere Lebensschule.« Ich bin kein Anhänger von Ratgebern und will niemanden belehren, aber ich bin überzeugt, dass von dem, was ich vom Tennissport für mein Leben gelernt habe, auch andere profitieren können. Deshalb habe ich im letzten Kapitel meine wichtigsten Erkenntnisse zusammengefasst (Kapitel 14, Seite 222).

Ich war sechs Jahre alt, als ich zum ersten Mal mit einem viel zu großen Aluminium-Schläger versuchte, einen weißen Tennisball (ja, die gab es damals noch ...) gegen das Garagentor meiner Großeltern zu schlagen. Als Boris Becker am 7. Juli 1985 mit 17 Jahren zum ersten Mal Wimbledon gewann, war das die Geburtsstunde meiner Leidenschaft. Wurde Tennis vor diesem Sonntag von Leuten gespielt, die Pastellfarben trugen und in Südfrankreich Urlaub machten, holte Beckers Triumph mich und viele meiner Freunde vom Fußball- auf den Tennisplatz. Auf einmal gab es nichts Cooleres, als nach Bällen in den roten Sand zu hechten und die Becker-Faust zu ballen. Seine Matches waren unsere Messen, er war unser Messias, und für seine großen Spiele verzieh ich ihm alles, was er nach seiner Karriere anstellte.

Heute bin ich vierzig Jahre alt und verbringe immer noch viel Zeit mit Tennis. Ich spiele, bewundere, betrachte, analysiere, lebe und vor allem lerne ich Tennis. Ich verdanke dem Sport viele Freundschaften. Viele meiner Freunde waren früher meine Gegner. Es verbindet, wenn man sich stundenlang bekriegt. So ehrlich lernt man sich nie wieder kennen. Auf dem Tennisplatz lässt sich der Charakter nicht verstecken. Ich weiß, wer du bist, wenn ich gegen dich gespielt habe.

Denke ich heute an Tennis, denke ich an einen Knirps, dessen Mutter kein Geld hatte, um seinen Schläger bespannen zu lassen. Denke ich an Tennis, denke ich an einen Teenager, der mit seinem Schläger ausbrechen wollte wie Kurt Cobain mit seiner Gitarre. Denke ich an Tennis, denke ich an einen Collegespieler, der in keiner Bar in den USA ein Bier bekommen konnte, weil er noch nicht 21 Jahre alt war. Denke ich an Tennis, denke ich an »*the most intense player*«, den mein Teamkamerad Jerry in mir sah, diesen Hutt, der immer ein bisschen zu sehr gewinnen wollte. Denke ich an Tennis, denke ich an die Matches, die ich nach Matchbällen verloren habe. Denke ich an Tennis, denke ich an Paul aus Uganda, gegen den ich in Kampala gespielt habe. Denke ich an Paul, denke ich an alles, was mir Tennis so wichtig macht.

Die 23,77 Meter Länge und 8,23 Meter Breite eines Tennisplatzes geben mir Orientierung und ein Gefühl des Zuhause-Seins, unabhängig davon, wie konfus mein Leben gerade erscheinen mag. Ich weiß heute, am Ende meiner Reise, wer ich bin und wo ich hingehöre. Ich muss dafür kein Gewinner mehr sein. Ein größeres Geschenk hätte mir Tennis nicht machen können.

1. Der erste Versuch

Kambodscha, November 2012

Es goss wie aus Kübeln, als ich aus dem Phnom Penh International Airport durch eine Schiebetür ins Freie trat. Kambodscha war ein Königreich, das hatte ich auf dem Flug in meinem Reiseführer gelesen, und ich wollte sein Prinz sein die nächsten zwei Wochen. Na ja, vielleicht kein Prinz, aber auf jeden Fall ein Gewinner. Unter einem Vordach warteten die Fahrer. Der Cambodia Country Club hatte mir auch einen geschickt. Auf der Tennisanlage des Clubs fanden die Turniere statt, im dazugehörigen Hotel wollte ich übernachten. Obwohl es regnete, war es jetzt, am späten Abend, sehr schwül. Wie würde sich das erst am Tag anfühlen, in der Sonne, auf dem Tennisplatz?

Ein junger Mann in Flipflops und durchnässtem T-Shirt hielt ein Schild hoch, auf dem »Filix Hut« stand. »Hi«, sagte ich, »*nice to meet you.*« Er nickte, sagte nichts, lächelte und hörte damit auch nicht auf, als er meinen Koffer zu einem alten Honda Civic schob und ihn im Kofferraum verstaute. Ich setzte mich auf die Rückbank. Der Regen prasselte auf das Dach. Aus dem Radio ertönte Musik, die ich nicht einordnen konnte. Eine hohe weibliche Stimme sang zu einer schrillen

Melodie. Die Fenster des Hondas waren beschlagen. Der Fahrer wischte die Scheibe mit seinen Händen frei. Er bezahlte eine Parkgebühr an der Sicherheitsschranke. Der Soldat trug ein Gewehr, schaute kurz ins Auto, winkte uns durch.

Wir fuhren auf einer Hauptstraße Richtung Stadtzentrum. In der Dunkelheit erkannte ich die Leuchtschrift der Karaoke-Bars, vor denen Frauen rauchten. Die meisten trugen High Heels und kurze Röcke. Die Verkäufer am Straßenrand hatten Planen über ihre Stände gespannt, es sollte nicht in die Feuer regnen, auf denen sie Hühner, Fische und Gemüse grillten. Vor, hinter und neben uns hupten Mopeds und Tuk-Tuks. Trotz des Unwetters waren die Straßen der Hauptstadt Kambodschas verstopft. In Phnom Penh lebten rund 1,5 Millionen Menschen, auch das hatte ich gelesen, und es gab fast eine halbe Million Mopeds. Wenn man miteinbezog, dass auf vielen Mopeds zwei bis vier Menschen saßen, musste man zum Schluss kommen, dass hier keiner ohne motorisiertes Zweirad auskam. Ich hatte auch mal ein Moped gehabt, eine 50er, mit der bin ich immer über Feldwege zum Tennisplatz gefahren, weil ich keinen Führerschein hatte. Ein Freund hatte mir mein Moped mit irgendwelchen Tricks frisiert, aber da war ich 15 Jahre alt. Lange her.

Nach einer halben Stunde erreichten wir den Cambodia Country Club. Der Mann hinter der Rezeption wollte ein *Deposit*, in Dollar, und verlangte meine Kreditkarte. Ich reichte sie ihm. Ich war sehr müde, seit fast einem Tag unterwegs. München – Bangkok – langer Aufenthalt – Phnom Penh. In meinem Zimmer brummte die Klimaanlage. Der Sound sollte mich die nächsten zwei Wochen begleiten. Ohne kühlende Belüftung war es nicht auszuhalten. Auf den Handtüchern auf dem Bett lagen gefaltete Stoffblumen.

Was ist dein Jugendtraum, etwas, das du unbedingt einmal tun wolltest, aber bisher nicht geschafft hast? Das war die Frage, die mich nach Phnom Penh brachte. Gestellt hatte sie *NEON*, das Jugendmagazin mit dem Slogan »Eigentlich sollten wir erwachsen werden«. Besser als mit diesem Satz hätte ich mein Leben nicht zusammenfassen können. Ich war 33 Jahre alt, arbeitete als Bayern-Korrespondent beim *STERN* in München. Mein Büro befand sich im selben Gebäude wie die *NEON*-Redaktion. Beide Magazine gehörten zum Gruner & Jahr Verlag. Ich mochte die Kollegen und freute mich, wenn sie mich auf Reportage schickten.

»Eigentlich«, antwortete ich dem Chefredakteur auf die Frage nach meinem Jugendtraum, »eigentlich wollte ich es immer einmal in die Tennisweltrangliste schaffen.« Er schaute mich fragend an. Ich erklärte ihm, dass ich dafür einen ATP-Punkt gewinnen musste und in ein Tennisentwicklungsland reisen, wo die Turniere schwach besetzt waren. Ich schlug ihm Kambodscha vor. Er überlegte kurz und sagte dann: »Cool, viel Erfolg.«

Ich saß jetzt hier, auf dem Bett im Cambodia Country Club, weil ich über meinen Weg in die Weltrangliste schreiben wollte. Ich hatte einen Auftrag auf dem Platz und außerhalb. Ich war optimistisch, dass ich sportlich erfolgreich sein könnte und mein Tennisabenteuer in einer unterhaltsamen Reportage festhalten würde. Draußen regnete es immer noch heftig. Wie in Gottes Namen sollte man hier überhaupt Tennis spielen?, dachte ich. Aber, und das war die erste von vielen Lektionen in Phnom Penh, das funktionierte wunderbar. Sobald es zu regnen aufhörte, verdampften die Pfützen wie der Aufguss in der Sauna.

In meinem ersten Match spielte ich zwei Tage später gegen den Ungarn Gábor Csonka, neunzehn Jahre alt, Nummer 1416 der Weltrangliste. Es stand 1:2 im ersten Satz, noch kein Break auf Court 4 im Cambodian Country Club, direkt neben dem Parkplatz.

Um die Mittagszeit herrschten 37 Grad, es gab keinen Schatten, dafür neunzig Prozent Luftfeuchtigkeit. Sauerstoff, bitte, dachte ich, bevor es nach dem nächsten Ballwechsel mit dem Denken vorbei war. Hitzschlag. Mein Körper zitterte, der Physiotherapeut kam auf den Platz und legte mir einen Eisbeutel in den Nacken. Die einheimischen Balljungen schauten verwundert, mein Gegner schwieg. Er wusste, dass er in die nächste Runde einziehen würde.

Eine Stunde nach meiner Niederlage döste ich unter der Klimaanlage in meinem Hotelzimmer und stellte meine Fitness, meine Schläge, meine Vorbereitung, mich, einfach alles infrage, was mich an diesem Tag zu einem Verlierer in Phnom Penh gemacht hatte. Von meinem Ziel, einen ATP-Punkt zu holen und meinen Namen in der Weltrangliste zu lesen, war ich weit entfernt. Dafür hätte ich zwei Runden in der Qualifikation und eine im Hauptfeld gewinnen müssen.

Innerhalb von drei Wochen fanden in Phnom Penh drei Weltranglistenturniere der untersten Kategorie statt. Alternativ hätte ich auch in Ruanda, Chile oder Simbabwe antreten können, aber Kambodscha hatte mich seit Langem interessiert. Der Tennisverband wurde unter der Herrschaft der Roten Khmer ausgelöscht und baute sich nun wieder auf, ein spannendes Projekt. Die Turniere waren mit jeweils 10 000 Dollar dotiert und hießen »Future«-Turniere oder »Futures«, weil vor allem junge Spieler um Punkte kämpften, die es ihnen dann ermöglichten, bei größeren Turnieren mitzuspielen. Sie kamen aus vielen verschiedenen Ländern, von Usbekistan bis Indonesien, und hatten alle einen Traum: wie Roger Federer und Rafael Nadal um Ruhm und die großen Preisgelder zu spielen. Um gut zu verdienen, musste man ungefähr zu den 150 besten Spielern der Welt gehören. Ausgesorgt hatten die, die sich über Jahre unter den Top 50 etablierten. Der beste Spieler, der in Kambodscha antrat, stand auf Platz 204.

Mit der verwöhnten Tenniswelt der Stars hatten die Turniere der untersten Kategorie nichts gemein. Viele Spieler übernachteten in billigen Hotels, vor denen nach Einbruch der Dunkelheit die »Bardamen«, Prostituierte, standen. Die Spieler aßen schlechtes Essen wie kambodschanische Pappnudeln. Als Fahrservice standen keine Luxuswagen eines Sponsors bereit, sondern man musste sich Tuk-Tuks besorgen, Mopeds mit Anhängern, die einen durch den Smog kutschierten. Die Balljungen waren Straßenkinder, für ein Paar Schuhe und eine Mütze arbeiteten sie drei Wochen von morgens bis abends. Sie hatten keine Ahnung von den Regeln, manchmal rannten sie mitten in den Ballwechseln über das Feld. Einige Spieler, die sich schon für Stars hielten, konnten darüber nicht lachen. Ich durfte eines Abends nicht in mein Hotel, weil daraus ein drei Meter langer Python evakuiert werden musste. Er hatte einen Ausflug aus dem benachbarten Tümpel gemacht.

Ich war erst zwei Tage vor meinem Match gegen Csonka aus dem kalten deutschen Herbst nach Phnom Penh gereist, viel zu spät, um mich auf die extremen Bedingungen einzustellen. Im November, nach der Monsunzeit, sollte das Wetter hier so angenehm wie ein deutscher Sommer sein, hatte eine Freundin gesagt. Ein bisschen Hitze war gut für mein Spiel, sie machte den Ball schnell und die Ballwechsel kurz, aber die Freundin hatte Bullshit erzählt: Das Klima war die Hölle. Es war viel zu heiß und zu feucht, die Bälle saugten sich voll wie Schwämme, der Schläger rutschte aus der verschwitzten Hand, als wäre der Griff eingeölt. Und das Teilnehmerfeld, so meine falsche Einschätzung, würde schwach besetzt sein, weil, wer außer mir reiste schon nach Kambodscha, um Tennis zu spielen? Leider sehr viele gute Profis, die sich kurz vor Saisonende noch ein paar Punkte holen wollten. Wenn es so weiterlief wie beim ersten Match, dann reichte es für mich zum Eddie the Eagle der Veranstaltung. Der war der schlechteste Skispringer der Geschichte, wurde aber für seinen Mut verehrt, überhaupt zu springen. Dabeisein ist alles, olympisches Motto und so. Definitiv nicht mein Motto.

Die Mission hatte ein paar Wochen zuvor mit einer Untersuchung in der sportmedizinischen Abteilung der TU München begonnen. Ich wog 98,5 Kilo, hatte 22,1 Prozent Körperfett und einen Bauchumfang von 96 Zentimetern, meine Laktatwerte waren ebenfalls gehobener Kneipendurchschnitt. Als ich dem Arzt von meinem Vorhaben erzählte, lächelte er. Er empfahl Nordic Walking für den Anfang, um die Gelenke zu schonen, und verwies mich an die Ernährungsberaterin. Auf ihr Anraten strich ich Alkohol, Fett, Zucker und ungeeignete Kohlenhydrate. Mitten in meiner Vorbereitung, am 21. September 2012, starb mein Vater. Er war erst 59 Jahre alt, als sein Herz aufhörte zu schlagen, einfach so. Von da an war das Abnehmen kein Problem mehr. Nur hatte ich jetzt ein viel größeres: Die Freude an der Qual wurde zur Qual ohne Freude. Wie sollte ich mich noch motivieren zu gewinnen, wenn ich doch längst verloren hatte?

Unter der Klimaanlage in meinem Hotelzimmer in Phnom Penh musste ich an ihn denken. Er hätte mir nach meiner Niederlage vorhin geraten, erst mal ein Bierchen zu trinken, um runterzukommen. Für ihn war es nie primär um das Gewinnen gegangen, sondern darum, wie jemand spielte. Mein Vater mochte Profis, die etwas riskierten, die ihr Leben nicht vom Erfolg abhängig machten. Charismatiker wie den Russen Marat Safin oder den Franzosen Henri Leconte. Erst wenn mir dies auch gelänge, wenn ich dem Tennis seine Wichtigkeit nehmen könnte, hatte er mir früher oft gesagt, würde ich mein Potenzial zeigen können.

Ich beschloss in meinem Hotelzimmer, dass ich dies von nun an versuchen wollte. Spielen, um zu spielen. Ging hinunter an die Bar und bestellte ein eiskaltes Heineken. Mein erstes Bier seit Wochen. Tat verdammt gut. In sechs Tagen war das nächste Sign-in, bei dem ich mich für das zweite Turnier einschreiben konnte.

Bis dahin trainierte ich hart, um mich an die Bedingungen zu gewöhnen. Der Alltag eines Profis war monoton. Zwei österreichische Jungprofis, mit denen ich mich anfreundete, beschrieben ihn treffend: »Training. Essen. Zimmer. Internet.« Ich absolvierte zwei Einheiten täglich und kam mit den Bedingungen besser klar. Das Training war anstrengend, aber die Quälerei machte mir Spaß, weil ich mir den Druck nahm. Kleine Erfolge stellten sich ein, die mir ein wenig Selbstvertrauen gaben. Ich gewann einen Satz gegen Roy Hobbs, immerhin die Nummer eins von Singapur, und lief mit einem Chinesen Drills, der fit war wie Rocky.

Es gab nur einen Trainingsplatz, das bedeutete, man musste sich mit denen arrangieren, die Gegner sein konnten. Ich trainierte einmal mit einem Israeli, einem Amerikaner und einem Chinesen, friedlich, harmonisch – wenn das die Weltpolitik hätte sehen können. Nach Ende der Turniermatches durften kambodschanische Kinder auf die Plätze. Sie spielten barfuß und mit alten Schlägern. Ab und zu gab ihnen ein französischer Coach, der einen Profi betreute, Unterricht. Ich schaute zu und sah bei den Kindern, die nichts hatten, aber jedem Ball hinterherrannten, eine Leidenschaft, die mir längst verloren gegangen war.

An den Abenden fuhren die zwei Österreicher und ich mit dem Tuk-Tuk an den Mekong. Es ging durch Viertel, in denen die Menschen in Wellblechhütten wohnten. Ihre Füße waren dreckig vom Staub der Straße. Wir aßen Khmer-Nudeln, redeten über Fußball und Frauen. Wahrscheinlich nahm ich dieses Projekt Weltrangliste auch so ernst, dachte ich, weil es das Ende eines Lebensabschnitts, das Ende meiner Jugend bedeutete. Es war eigentlich an der Zeit, erwachsen zu werden. Aber mir gefiel dieses Tourleben.

Am Freitagnachmittag lag eine Liste bei der Turnierleitung aus, in die sich alle eintrugen, die an der Qualifikation für das zweite Turnier teilnehmen wollten. Nach Ende der Frist stand fest, dass sich mehr Spieler angemeldet hatten, als es Plätze gab. Als Ranglistenloser war ich raus, Vorrang hatten immer die Spieler der Weltrangliste. Eine Woche Training umsonst. Dann: ein Wunder. Braen, Kapitän des kambodschanischen Davis-Cup-Teams und Turnierdirektor, gab mir eine Wildcard. Über eine Wildcard, einen Platz im Feld, entschieden die lokalen Veranstalter. Es war ihre Entscheidung, welche Aussortierten sie antreten ließen. Einen Topprofi, der zu spät gemeldet hatte. Oder einen Tennistouristen wie mich. Die Einheimischen und die Turnierorganisatoren hatten mich ins Herz geschlossen, weil meine Erfolgsaussichten so gering waren wie ihre. Sie mochten, dass ich es trotzdem versuchte.

Der Freude über die Wildcard folgte die Ernüchterung, als die Auslosung ausgehängt wurde. Mein Gegner hieß Mico Santiago, ein 18-jähriger Amerikaner philippinischer Herkunft. Er hatte sich beim ersten Turnier aus der Qualifikation bis ins Halbfinale des Hauptfelds gespielt und erst gegen den späteren Sieger verloren. Santiago hatte mehr Selbstvertrauen als Phnom Penh Moskitos. Er war der stärkste Spieler, den ich in der Qualifikation erwischen konnte.

Unser Match war für den nächsten Tag um 14:30 Uhr auf dem Center Court angesetzt. Es würde heiß werden, aber im Gegensatz zu meinem ersten Match war ich vorbereitet und wusste, was mich erwartete. Da die Spiele vor uns länger dauerten, verschob sich der Beginn. Santiago tigerte mit Kopfhörern im Ohr am Platz entlang. Je länger wir warten mussten, desto kühler wurde es, ein Vorteil für mich.

Als wir endlich auf den Platz konnten, war die Sonne längst untergegangen und das Flutlicht an. Die Schiedsrichterin warf die Münze, ich gewann und entschied mich für Aufschlag. Ich trug meine besten Nike-Tennisklamotten, weil mir bewusst war, dass ich heute sehr wahrscheinlich mein letztes Match spielen würde. Ich begann stark, ging beim ersten und zweiten Aufschlag Risiko, weil Santiago sehr gute Returns spielte. Führte 1:0, ballte die Faust, um mir Mut zu machen, spürte die Bälle gut auf dem Schläger. Santiago hielt seinen Aufschlag, 1:1, ich servierte wieder exzellent zum 2:1. Er glich aus, ich erhöhte auf 3:2. Einige Profis hielten am Platz und schauten zu, sie hätten nicht damit gerechnet, dass dies ein offenes Match werden könnte. Ein paar Zuschauer applaudierten, als ich die Geschwindigkeit seiner schnellen

Grundschläge mitnahm und immer wieder ans Netz rannte, um ihn unter Druck zu setzen, und meine Volleys unerreichbar in seinem Feld landeten.

Santiago fand kein Mittel gegen meinen Aufschlag und fluchte, während ich einfach nur genoss. Nach allem, was passiert war, war ich mir des Privilegs bewusst, hier zu sein. Ich wusste nicht, wie lange der erste Satz schon dauerte, aber in diesen Momenten lebte ich meinen Traum. Es war nicht Wimbledon, aber für mich fühlte sich diese kleine Bühne am Abend des 24. November 2012 im Cambodian Country Club genau so an. Ich spielte, um zu spielen. Hätte nur mein Vater unter den Zuschauern sitzen können.

Dann begann es zu regnen, das Match wurde unterbrochen und auf den nächsten Tag verlegt. Ich war voller Endorphine, die sich nicht beruhigen wollten, schlief die Nacht nicht. Als wir am nächsten Tag das Spiel fortsetzten, war der Traum vorbei. Unter der Sonne hetzte mich Santiago von einer Ecke in die andere, gegen seine flachen, schnellen Grundschläge war ich machtlos. Bald hatte ich im zweiten Satz zwei Matchbälle gegen mich und nahm mir vor, den nächsten Aufschlag so hart ich konnte durch die Mitte zu schlagen. Der Ball landete mit über 200 km/h im Feld Santiagos. Er ahnte die Ecke, passierte mich mit seiner Rückhand. Das war's. Ein trauriges, aber würdevolles Ende.

Nach dem Match dachte ich kurz darüber nach, wie es wohl ausgegangen wäre, wenn wir gestern Abend unter Flutlicht hätten weiterspielen können. Vielleicht hätte ich ihn noch mehr gefordert, vielleicht hätten ihn meine Aufschläge entnervt, ja, vielleicht hätte ich sogar gewonnen.

Ich schrieb meine Reportage, die *NEON*-Redaktion war damit zufrieden. Danach wollte ich aufhören mit Tennis.

Der Titel der Reportage lautete »Der letzte Satz«. Das Match gegen Santiago sollte mein letztes gewesen sein. Aber ich konnte meinen Job kündigen, meine Beziehung beenden und in eine andere Stadt ziehen. Nur mit Tennis Schluss machen, das ging nicht.

2. Die Wiedererweckung meines Traums

Südafrika, Januar 2017

Gute vier Jahre später und böse zehn Kilo schwerer saß ich auf der Couch eines Ferienapartments über dem Llandudno Beach bei Kapstadt und wartete auf das Finale der Australian Open, das gleich im Fernsehen übertragen wurde. Sina, meine Frau, wollte hinunter an den Strand. Sie hatte ihre Haare zu einem Dutt hochgesteckt und sich ein Tuch um die Hüften gebunden. Sie war ungeschminkt, trug einen schwarzen Bikini und sah unwiderstehlich aus. Aber an Liebe war gerade nicht zu denken.

»Viel Spaß«, sagte sie, bevor sie die Türe hinter sich schloss. Sie gab mir keinen Kuss. Mein »Dir auch« hörte sie nicht mehr.

Sina konnte den Typen, der ich die nächsten Stunden sein würde, nicht leiden. Den Freak, den Schreihals, den Faust-Baller, den Sofatennishelden. Wir waren noch nie gut darin gewesen, vor dem anderen zu verbergen, was wir fühlten. Sie war von meiner direkten Art oft genervt. Ich sah darin einen Grund, warum wir bald zehn Jahre zusammen waren. Aber wenn ich ehrlich war, dann war Alleinsein genau das, was ich jetzt brauchte.

Ich saß vor dem Fernseher. Boxershorts, sonst nichts. Ein kaltes Stella Artois auf der Lehne zu meiner Rechten, mein Frühstück. Und mehr Bier im Kühlschrank, zwei bequeme Schritte von der Ledercouch entfernt. Von draußen hörte ich die Wellen unten am Strand. Es war schon jetzt, am frühen Vormittag, angenehm warm, der Wind strich durch die Vorhänge ins Zimmer.

Sina wusste, dass sie mal wieder auf mich verzichten musste. Sie betrachtete Tennis wie eine Nebenbuhlerin, die unsere gemeinsame Zeit stahl. Ich wusste: Das Australian-Open-Finale 2017 konnte beginnen. Roger Federer gegen Rafael Nadal. *Me, myself,* Roger und Rafa. Himmel, was konnte es Schöneres geben?

Wir machten Urlaub in Südafrika. Nicht zum ersten Mal. Wir mochten es hier, auch wenn wir nie wirklich über Kapstadt hinauskamen. Unsere Gastgeber, Penny und Andrew, waren längst Freunde geworden. Ihnen gehörte ein großes Haus über dem Llandudno Beach, einem Surferstrand, zwanzig Minuten außerhalb von Kapstadt auf dem Weg nach Hout Bay. Sie vermieteten das Apartment, in dem früher ihr Sohn gewohnt hatte, an Touristen.

Für mich fühlte sich Llandudno an wie Malibu. Von unserem Balkon konnten wir den Wellen zusehen, wie sie scheinbar aus dem Nichts angerollt kamen, sich aufbäumten, die Gischt auf ihnen tanzte, bevor sie brachen und an den Strand schäumten. Wir bewunderten die Surfer, die sich in ihren Wetsuits von den Wassermassen begraben ließen. Das Grollen des anbrandenden Ozeans, der sich hinter dem Horizont bis in die Unendlichkeit erstreckte, wirkte auf uns wie

Meditation. Nachts schliefen wir bei offenem Fenster zum Sound des Meeres. Sina war mit den Hunden, die im weißen Sand herumtollten, befreundet. Obwohl es meist windig und das Wasser zu kalt war, um darin zu schwimmen, hatten wir hier am Llandudno Beach etwas gefunden, auf das wir uns einigen konnten.

Ich schaute das Finale am Vormittag. In Melbourne war es bereits Abend. Sie würden unter Flutlicht spielen. Federer war fünfunddreißig Jahre alt, Vater von zwei Zwillingen, zwei Mädchen und zwei Jungen, und reiste im Privatjet um die Welt. Seine Frau und Kinder nahm er stets mit. Er hatte seine Prioritäten geordnet. An erster Stelle kam seine Familie, dann sein Sport. Er schien sich gefunden zu haben, ganz anders als ich.

Wir waren uns einmal begegnet, im Herbst 1996, lange bevor sich unsere Leben ihre Bahnen brachen. Ich war siebzehn und Federer fünfzehn Jahre alt. Wir spielten in der Qualifikation eines kleinen Weltranglistenturniers in der Schweiz. Verloren beide in der ersten Runde. Federer saß nach seinem Match in der Umkleidekabine. Er spielte Wilson-Schläger, trug Nike-Klamotten und wurde von seinem Coach begleitet. Er erzählte mir, bevor ich duschen ging, dass er Profi werden würde. Im Gegensatz zu mir schien er keine Zweifel zu haben. Die Niederlage war ein ärgerlicher Zwischenstopp, aber kein Hindernis. Er würde ein Tennisstar werden, das war sicher. Sein Leben war darauf ausgerichtet. Sein Erfolg war sein vorbestimmtes Schicksal. Selbstbewusstsein konnte man sich nicht antrainieren. Es musste in einem wachsen. Die Menschen um einen herum mussten es einpflanzen wie den Samen einer Pflanze und dann immer wieder gießen, ihm zureden, es in seinem Wachstum unterstützen. Federers

Karriere war das Ergebnis von Talent, Fleiß und einem Umfeld, das beides förderte.

Mein Leben war nicht geradewegs auf den Center Court von Wimbledon zugelaufen, wie bei Federer, es verlief eher in Schlangenlinien. Ich war verheiratet, konnte mir Kinder vorstellen, aber Sina noch nicht. Sie war sieben Jahre jünger als ich. Sie mochte ihren Job als Fernsehredakteurin und war gerade dabei, sich als Filmemacherin einen Namen zu machen. Sie arbeitete für eine Produktionsfirma in Unterföhring bei München. Sie drehte auf der ganzen Welt, lernte über ihre Arbeit Südamerika, Alaska und Neuseeland kennen, warum sollte sie das aufgeben oder eine Pause einlegen? Sie war keine Feministin, aber sie hinterfragte das alte Rollenbild. Sina suchte nach einem Weg, ihre Karriere und ihr Verständnis von einer modernen Familie miteinander zu vereinbaren.

Ich befand mich mit 37 Jahren im mittleren Alter. Nicht mehr jung, aber zu jung, um schon alt zu sein. Hin- und hergerissen zwischen der Vorstellung, ruhiger zu werden, mehr Verantwortung zu übernehmen oder doch noch einmal auszubrechen. In schlechten Momenten dachte ich, dass ich fast zwei Drittel meines Lebens schon gelebt haben könnte. Irgendetwas fehlte, obwohl es mir von außen betrachtet an nichts mangelte. Ich liebte meinen Beruf als Reporter. Ich war mit der Frau verheiratet, mit der ich für immer zusammen sein wollte. Ich war nicht reich, aber ich hatte genug Geld, um mir viele meiner Wünsche erfüllen zu können. Wir lebten in München, meiner Heimatstadt. Ich beneidete Federer nicht um seinen Ruhm und seinen Reichtum, sondern um die Art und Weise, wie er bei sich zu sein schien.

Federer hatte vor den Australian Open sechs Monate wegen einer Verletzung nicht spielen können. Er war in der

Weltrangliste abgestürzt. Viele hatten ihn bereits abgeschrieben. Bald könnte er seine großartige Karriere beenden, hieß es. Wenige trauten ihm noch einen Grand-Slam-Sieg zu. Normalerweise brauchte ein Spieler einige Turniere, um nach einer Verletzung wieder wettkampffähig zu sein. Aber nun stand Federer im Finale gegen seinen größten Konkurrenten, den Spanier Rafael Nadal. Sie waren seit mehr als einem Jahrzehnt die Antipoden ihres Sports. Kein Duell elektrisierte die Tennisfans mehr. Federer spielte scheinbar ohne physischen Aufwand. Seine Schläge wirkten leicht, er beschleunigte nicht mit Kraft, sondern mit seinem Schwung. Der Schweizer war ein Ästhet, der Tennis spielte, nicht arbeitete. Nadal hingegen prügelte mit seinen muskulösen Oberarmen auf die Bälle ein, als gelte es, sie zu bestrafen. Er schwitzte und stöhnte und erinnerte an einen Stier in der Arena, der seinen Gegner, den Torero, besiegen musste, wenn er überleben wollte. Nadal war kein Spieler. Er war ein Krieger. Wer ihn bezwingen wollte, musste ihn niederringen. In den letzten Jahren hatte Nadal häufig gegen Federer gewonnen. Er hatte ihn sogar im Finale von Wimbledon, Federers Lieblingsturnier, geschlagen. Seine Kraft setzte sich oft gegen Federers Eleganz durch. Nadal führte im direkten Duell vor diesem Australian-Open-Finale 23 zu 11.

Ich öffnete das erste Bier. Federer startete gut. Bei 3:3 im ersten Satz gelang ihm ein Break. Er konnte Nadal den Aufschlag abnehmen. Viele Zuschauer sprangen auf und rissen die Arme in den Himmel. Einige hatten sich die Schweizer Flagge ins Gesicht gemalt. Nach dem zweiten Bier hatte Federer den ersten Satz gewonnen. Ich sprang auf, ballte die Faust, schrie »*Come on, Roger!*« durch das Apartment. Zwei Sätze noch bis zum 18. Grand-Slam-Titel. So viele hatte noch kein Spieler gewonnen. Die WhatsApp-Nachrichten flogen zwischen mir und meinen Freunden in Deutschland hin und her:

»Unfassbar!«

»So cool!«

»Federer, Legende!!!«

Es gab Matches, die die Ebene des Sports verließen. Die kein Spiel mehr waren, sondern ein Existenzkampf. Deren Verlierer auf Jahre hinaus an ihrer Niederlage litten, während den Gewinnern kein Rückschlag mehr etwas anhaben konnte. Matches, die zu Legenden wurden, von Literaten beschrieben. Ali gegen Frazier. Prost gegen Senna. Sampras gegen Agassi. Federer gegen Nadal. Dies heute war so ein Match. Jeder, der es sah, im Stadion, vor dem Fernseher, konnte das spüren. Ein Match, von dem ich meinen Enkeln erzählen würde. John McEnroe kommentierte. Dem Match wog eine Bedeutung bei, die nicht zu beschreiben war. Mancher wusste sich nicht anders als mit göttlichen Metaphern zu helfen. Federer und Nadal traten nicht auf, sie erschienen.

Ich holte mir mein drittes Bier. Langsam setzte ein leichter, schöner Rausch ein. Federer verlor den zweiten Satz. Im dritten nahm er Nadal schnell wieder den Aufschlag ab. Federers Sieg würde mir 500 Euro bringen. Ich hatte mit meinem Freund Eitzi gewettet. Eitzi war mein Nachbar. Er war Journalist und genauso tennisverrückt wie ich. Wir hatten einmal beim TC Großhesselohe, einem Verein im Münchener Süden, dem Österreicher Rainer Eitzinger zugeschaut. Es war ein Punktspiel der zweiten Tennisbundesliga. Eitzinger trug seine Socken bis zum Knie, auf dem Kopf ein Bandana. Er sah aus wie ein Freak. Er hatte kein besonders schönes Spiel, aber er rannte nach jedem Ball. Ein Kämpfer. Er kam uns wie der fitteste Spieler der Erde vor. Und der mit dem größten Herz. »Kimm, Eitzi, auf geht's«, feuerten ihn seine Teamkameraden an. Er gewann in drei Sätzen, obwohl sein Gegner die bessere Spielanlage hatte. Seit diesem Sonntag nannte ich den Eitzi »Eitzi«.

Eitzi war seit Langem davon überzeugt, dass Federer kein Grand-Slam-Turnier mehr gewinnen würde. Er hätte alles dagegen gewettet, ich fand 500 Euro schon ganz schön viel. Federer gewann den dritten Satz. Nadal führte bald im vierten.

Fünftes Bier, sechstes Bier.

Ich ging bei einem Seitenwechsel auf den Balkon und schaute hinunter auf den Strand, an dem sich Sina sonnte und las. Sie konnte nicht verstehen, warum ich so oft vor dem Fernseher saß und zwei Männern dabei zusah, wie sie einen Ball über ein Netz schlugen, wo doch das Leben fernab des Fernsehers so viel Aufregendes für uns parat hielt.

»Wahrscheinlich liebst du Tennis so, weil es die einzige Konstante in deinem Leben ist«, sagte sie einmal. Ich sagte nichts. Besser hätte ich es mir selbst nicht erklären können.

Meine Eltern ließen sich früh scheiden. Ich wuchs mit meiner Schwester bei meiner Mutter auf. In der Schule gehörte ich keiner Clique an. Ich stand nicht auf Skilager, New Kids on the Block oder die Mädchen von der Raucherterrasse. Ich spielte kein Instrument und auch nicht im Schultheater, was meiner Mutter sehr gefallen hätte. In der F-Jugend fragte einmal Bayern München an, ob ich für sie Fußball spielen wollte, aber wir wohnten am anderen Ende der Stadt. Meine Mutter musste arbeiten und konnte mich nicht fahren. Ich wollte sowieso lieber Tennis spielen. Beim Fußball musste ich auf die

Mitspieler Rücksicht nehmen. Das lag mir nicht. Ich wollte mein eigener Pilot sein.

Wir hatten wenig Geld und reisten selten in den Urlaub, was mich nicht störte, denn ich fühlte mich am wohlsten, wenn ich auf dem Tennisplatz Bälle schlagen durfte. Hier hatte ich das Gefühl, die Herausforderungen meistern zu können. Innerhalb der Linien hatte ich kein Problem, mich zurechtzufinden. Sie veränderten sich nicht, egal wo ich spielte.

Außerhalb des Platzes suchte ich nach etwas, an dem ich mich orientieren konnte. Meine Freunde redeten vom Kiffen und dem ersten Sex. Ich spielte Tennis, um zu beweisen, dass ich jemand war. Felix Hutt, der Siegertyp. Tennis kennt kein Unentschieden. Ich mochte das. Meine Persönlichkeit verknüpfte sich früh mit der Abhängigkeit von Gewinnen und Verlieren. Es gab für mich sehr wenig, das so niederschmetternd war, wie geschlagen worden zu sein. Tagelang war ich dann nicht ansprechbar, konnte mich in der Schule nicht konzentrieren. Aber es gab noch weniger, das mit dem Glücksgefühl vergleichbar war, einen Matchball verwandelt zu haben. Nichts befriedigte mich mehr. Nicht mal der erste Liebesbrief von Cornelia mit den schwarzen Haaren, aber die ging eh bald mit einem Älteren ...

Ich verbrachte meine Jugend auf dem Tennisplatz. Die Bedeutung eines gewonnenen Punktes überragte die eines Kusses um Längen. Ich war zehn Jahre alt, als ich bei einem kleinen Verein, dem TSV Moosach-Hartmannshofen, mit dem Tennistraining anfing. Der Verein lag an einem Wald, der Fasanerie. Er hatte sechs Freiplätze und ein kleines Vereinsheim, ohne Bewirtung. Brotzeit brachten die Mitglieder mit. Der Mitgliedsbeitrag war nicht hoch, ich konnte mit dem Rad hinfahren, meine Mutter war einverstanden. Was sie nicht ahnte, war, dass sie mich die nächsten Jahre nicht mehr oft zu Hause antreffen sollte.

Ich freute mich, wenn einer der anderen Jugendlichen sich mit mir verabredete. Störte mich aber nicht, wenn ich kein Tennisdate hatte. Dann fragte ich die Senioren, ob sie einen vierten Spieler für ihr Doppel brauchten. Sie gaben mir danach manchmal eine Scheibe Leberkäse ab, den sie mit einigen Weißbier genossen, das war meine Belohnung. Fand sich niemand zum Spielen, ging ich an die Mauer. Stundenlang trainierte ich Vorhand, Rückhand, spielte mit mir selbst, ein bisschen wie der Verrückte in Stefan Zweigs *Schachnovelle*. Das Highlight meiner Woche war die Trainerstunde bei einem älteren Herrn namens Max Richter, die mir der Verein bezahlte.

Nach drei Jahren meldete mich meine Mutter zu den Münchner Meisterschaften an. Es war mein erstes Turnier. Ich hatte keine Ahnung von Ranglisten, Gegnern, Verbandsgeklüngel und wie mein Leistungsstand im Vergleich zu Gleichaltrigen war. Ich hatte einfach nur wahnsinnig Lust auf Wettkampftennis. Ich gewann zwei Matches, verlor erst gegen einen sehr guten, gesetzten Spieler. Der Bezirkssportwart wurde auf mich aufmerksam. Ich wurde zum Auswahltraining geladen, trainierte fortan mit den besten Junioren Münchens. Mit dreizehn Jahren wechselte ich den Verein, spielte für den MSC München. Ein großer Verein mit einer Tennis- und Hockeyabteilung und vielen ambitionierten Jugendlichen. Mir mangelte es nicht mehr an Trainingspartnern, ich musste nicht mehr beim Seniorendoppel fragen, ob ich mitspielen durfte.

Ich lernte Pavol Krta kennen, einen ehemaligen slowakischen Tourspieler. Er wurde mein Trainer und mein Mentor. Er trainierte uns Jugendliche nach den Methoden der osteuropäischen Schule. Er legte Wert auf gerade, schnörkellose Schläge, die wir millionenfach wiederholten. Und auf Disziplin. Im Winter ließ er uns um den verschneiten Hockeyplatz laufen, im Sommer in der Hitze trainieren. Schatten war etwas für Verlierer. Wir durften keine Schwäche zeigen, wir mussten hart sein, zu uns, zu unseren Gegnern. Wenn ich Schmerzen hatte, zum Beispiel in der Schlagschulter, sollte ich mit einer Hantel den Aufschlag simulieren. »Man muss Schmerzen mit Schmerzen bekämpfen«, das war sein Credo. Wenn ich von einem Turnier zurückkam, verloren hatte, redeten wir über das, was ich falsch gemacht hatte. Dass der Gegner auch spielen konnte, war irrelevant. Irgendwann in diesen ersten Jahren beim MSC München hörte Tennis für mich auf, ein Spiel zu sein.

Ich wollte Profi werden. Meine Noten in der Schule wurden mit jedem Jahr schlechter. Mit 16 Jahren bekam ich eine Vespa und konnte nun in München und im Umland trainieren, mit wem ich wollte. An den Wochenenden spielte ich Turniere. In den Osterferien fuhr ich mit den Auswahlmannschaften des Bayerischen Tennisverbandes ins Trainingslager, zum Beispiel nach Milano Marittima. Ich gehörte über Jahre zu den besten fünf Spielern des Jahrgangs 1979 in Bayern, zu den besten zwanzig Spielern in Deutschland. Meine Schläge waren nicht herausragend, mit Ausnahme meines Aufschlags. Dem wichtigsten Schlag, dem einzigen, auf den der Gegner keinen Einfluss hatte. An guten Tagen gelang es mir, über meinen Aufschlag und meine Vorhand so viel Druck auszuüben, dass ich meine mittelmäßige beidhändige Rückhand oder die schwache Beinarbeit damit ausgleichen konnte. Vor allem auf schnellen Belägen in der Halle oder auf Hartplatz gewann ich dank meiner Asse gegen viele Spieler, die besser waren. Nach dem Winter war ich in der Rangliste immer besser platziert als nach der Sandplatzsaison im Sommer. Wimbledon mit seinem schnellen Rasen, das würde mir liegen, dachte ich damals.

Aber bis nach Wimbledon war es ein weiter Weg, den ich früh abbrach. Ich spielte einige kleine Weltranglistenturniere, aber gewann dort kein Match. Der Übergang vom Junioren- zum Herrentennis machte mir zu schaffen. Ich bestand bei den Erwachsenen nicht. Ich entschied mich mit 17 Jahren gegen eine Profikarriere. Das Training, die Reisen, die Kosten. Das setzte mich zu sehr unter Druck. Ich war nicht locker auf dem Platz, konnte mein Potenzial nicht zeigen. Wir verfügten nicht über die finanziellen Mittel, um jahrelang ins Minus zu gehen, weil ich kein Preisgeld nach Hause brachte. Ich wollte meine Ausbildung nicht vernachlässigen. Ich nahm nach dem Gymnasium ein Stipendium an, um in den USA Collegetennis zu spielen. Tennis bezahlte mir mein Studium. Das jahrelange Training war nicht umsonst gewesen.

Nach vier Jahren in Amerika kam ich zurück nach Deutschland und begann ein Volontariat. Ich wurde Journalist. Bereiste die Welt, schrieb, saß viel am Schreibtisch. Aß und trank, wie es mir schmeckte. Aus meinem Sportler- wurde ein Bürokörper. Wampe, verkürzte Muskulatur. Am Wochenende spielte ich Punktspiele mit meiner Mannschaft und trank anschließend genug Bier, um zu verdrängen, dass aus mir ein Freizeitspieler geworden war. Wie ein Süchtiger suchte ich im Leben nach einem Kick, der das Gefühl des Siegens ersetzen konnte, fand aber keinen. »Wenn man Leistungssportler gewesen ist, langweilt man sich im normalen

Leben nach der Karriere«, sagte mir einmal ein ehemaliger Skiprofi. Er hatte recht.

Meinen Traum von der Weltrangliste hatte ich nach meiner Reise nach Kambodscha abgelegt wie einen alten Mantel, der irgendwo im Keller meines Lebens verstaubte. Bis er sich jetzt hier, auf dem Balkon über dem Llandudno Beach, auf einmal bei mir zurückmeldete.

»Wenn du es jetzt nicht noch einmal versuchst mit der Weltrangliste, wann dann?«, fragte er.

Doch mit 37 Jahren blieb mir wenig Zeit. Eigentlich war es schon viel zu spät. War Federer nicht auch ganz schön alt? Ja, aber der musste nicht ins Büro. Entweder versuchte ich jetzt in die Weltrangliste zu kommen oder nie. Für mein Ziel müsste ich den Druck des Leistungssports zurück in mein Leben lassen, mich dem Diktat des Gewinnen-Müssens wieder unterwerfen, bei dem es keine Grauzone, keinen Kompromiss gibt. Du schaffst es, oder du versagst. Einfach, brutal, im Erfolgsfall brutal schön.

Vielleicht lag es am Bier. Sicher lag es an Federer. Ich schaute auf meinen Bauch, der sich unter dem T-Shirt wölbte. Auf meine Oberarme, eine weiße, unförmige Fleischmasse, wo früher einmal der Bizeps heraussprang. Mir schossen die Tränen in die Augen. Ich war aber nicht traurig. Ich wusste nur, was mir fehlte. Im Gegensatz zu meinem ersten Versuch in Phnom Penh wollte ich es diesmal richtig angehen. Mich monatelang vorbereiten, nicht ein Turnier, sondern viele spielen. Ich wollte das Tourleben nachholen, das ich für mein Tennisstipendium am College in den USA aufgegeben hatte.

»Sina, ich greife noch einmal an!«, hätte ich am liebsten hinunter an den Strand geschrien, aber meine Frau lag zu weit weg, um mich zu hören.

Ich ging wieder ins Zimmer. Nahm mir noch ein Bier aus dem Kühlschrank. Nadal hatte den vierten Satz gewonnen. Führte mit einem Break im fünften. Es sah nicht gut aus für Federer. Er hatte den Platz verlassen, um sich behandeln zu lassen. Sein Halbfinale gegen seinen Landsmann Stan Wawrinka war auch schon über fünf Sätze gegangen.

Nadal hatte in der Vergangenheit viele der langen Matches gewonnen. Er hatte mehr Kraft als Federer. Aber Federer kam zurück. So wie ich zurückkommen würde. Auf einer viel kleineren Bühne natürlich, aber nicht weniger unerwartet. Er schaffte das Rebreak. Bei 3:3 im fünften Satz spielten Nadal und Federer einen Ballwechsel, der über 26 Schläge ging. In ihm kulminierte ihre jahrelange Rivalität. Jeder schien den Ballwechsel bereits gewonnen zu haben, bevor der andere einen unerreichbaren Ball noch zurückbrachte. In jedem Match gab es Schlüsselpunkte wie diesen, die den Spieler brechen konnten, der den Punkt verlor. Und den stimulierten, der ihn gewann. Federer spielte am Ende der Rallye eine Vorhand longline, die die Zuschauer aus ihren Sitzen riss. Nadal war geschlagen. Federer gewann ein paar Minuten später das Match. Er weinte. Ich auch. Sein Sieg löste etwas in mir aus, von dem ich in diesem Moment noch keine Ahnung hatte, dass es mich auf eine Reise schicken würde. Alles, was ich in diesem Moment spürte, war: Es war an der Zeit, wieder auf den Platz gehen.

Am nächsten Morgen begleitete ich Sina an den Strand. Ich hatte den restlichen Tag, den Abend und Teile der Nacht auf Federers Sieg getrunken. Andrew, unser Gastgeber, hatte ein paar Bier spendiert. Er war auch ein Federer-Fan. Im Rausch hatte ich mir ausgemalt, wie ich mein Comeback organisieren, mich wieder in Form bringen würde. Gestern hatte sich das alles sinnvoll und leicht angefühlt. Heute am Strand war die Leichtigkeit wie weggeblasen. Mein Schädel brummte in der Hitze.

Ich trug meine Laufschuhe und meine Pulsuhr und lief mich ein bisschen ein. Ich zog mein Shirt aus. Mein Bauch ragte weit über meine Badehose. Dann bat ich Sina, mich mit dem Smartphone zu filmen, wie ich 20/20-Sprints lief. 20 Sekunden laufen, so schnell es geht, 20 Sekunden Pause. Ein beliebter Drill bei Tennisspielern, weil man so die Belastung der Ballwechsel simulieren konnte. Ich schaffte zwei Sprints, dann brauchte ich drei Minuten Pause, bevor ich mühevoll noch zwei nachlegte.

»Ich kann nicht mehr«, sagte ich zu Sina und fiel neben ihr in den Sand.

Das Video sollte den Anfang meines Comebacks dokumentieren. Den Bauch, die Atemlosigkeit, die totale Unfitness. Wenn ich es in die Weltrangliste geschafft hatte, so malte ich mir das aus, dann wollte ich eine große Party feiern und das Video zeigen.

»Schaut euch den dicken Hutt an, damals am Strand, wie ein gestrandetes Walross«, sollte die Botschaft lauten, »und schaut ihn euch heute an, den Weltranglistenspieler.«

Ich setzte mich neben Sina auf das Handtuch. Immer noch außer Atem. Mein Puls wollte sich nicht beruhigen. Ich schickte das Video an Renze, wie ich meinen Freund Jörn Renzenbrink nannte. Renze gehörte vor einigen Jahren zu den besten 100 Spielern der Welt. Er spielte einmal bei den US Open gegen Stefan Edberg. Ich hatte ihn kennengelernt, als ich in Hamburg lebte. Renze und ich spielten in einer Mannschaft und wurden Freunde, obwohl ich keinen Beitrag zum Erfolg des Teams leistete. Ich wollte Renze mit ins Boot holen, mir meine Idee von ihm absegnen lassen. Er wusste, wie man in die Weltrangliste kommen konnte.

»Was ist denn das? Sprintest du oder joggst du?«, schrieb er zurück.

»Ich versuche es noch einmal. Ich will in die Weltrangliste«, antwortete ich.

»Im Ernst?«, fragte er.

»Ja!«

»Okay Junge, das wird ein langer Weg. Aber ich helfe dir.«

Ich war immer stolz darauf gewesen, ein Autodidakt zu sein. Ich bekam alles irgendwie allein hin. Doch bei diesem Projekt würde ich Hilfe brauchen. Und erhalten. So desillusionierend mein erster Lauf am Strand eben gewesen war, so begeistert war ich trotzdem von meiner Idee. Wenn Federer mit 35 Jahren die Australian Open gewinnen konnte, dann würde ich es ja wohl in die Weltrangliste schaffen.

3. Kaltstart

München, Februar 2017

Nach der Rückkehr aus Südafrika ging ich mit Eitzi auf ein Augustiner. Wir trafen uns vor der Haustür und umarmten uns. Das machten wir immer, wenn wir uns eine Weile nicht gesehen hatten. Eitzi wohnte im Erdgeschoss, ich im fünften Stock. Er war sehr verliebt, in seine Freundin und seine zwei Katzen. Manchmal passte ich auf sie auf. Auf die Katzen. Sie mochten mich nicht. Eitzi sagte, ich solle mit ihnen spielen, aber sie flohen vor mir. Ich kann eine Haus-Freundschaft nur empfehlen. Ist eben immer jemand da, wenn man reden muss oder Freude teilen möchte. Früher hätte ich mir Gedanken gemacht, wegen zu viel Nähe und so, aber mit dem Eitzi klappte das wunderbar.

In München lag Schnee. Es war dunkel, um fünf Uhr nachmittags. Das würde kein Spaß werden mit dem Training. Bei dem Wetter an der Isar joggen, bis die Lunge frei und die Wampe verschwunden war – *not very nice*. Eitzi und ich spazierten zum Wirtshaus. »Auf ein Auge gehen« hieß, wir wollten unter uns sein. Männer-Talk. Dummschwatz nannte das Eitzi. Augustiner war für uns nicht nur das beste Bier, sondern unsere Geliebte. Golden, schaumig, eiskalt. Wenn wir sie trafen, stand der Horizont weit offen. Eigentlich fragten wir uns immer erst mal nach dem Offensichtlichen ab. Wie war das Wetter in Kapstadt? Wie lief es in der Redaktion? Aber ich erzählte ihm sofort von meiner Idee mit dem Tennis-Comeback.

»Ich will die beiden Dinge verbinden, die ich am liebsten mache«, sagte ich. »Um die Welt reisen und Tennisturniere spielen. Mich hat's wieder gepackt, das kam beim Federer-Finale, einfach so.«

»Hmmm«, sagte Eitzi. Er bestellte einen Zwiebelrostbraten mit Spätzle. »Coole Idee, Huttinger«, sagte er dann, aber ich spürte, dass er sich nicht so sicher war. Eitzi hatte für jeden einen Spitznamen. Mit Huttinger war ich gut bedient. Ein Bekannter hieß für ihn nur Penis.

»Aber ich kenn dich, du machst keine halben Sachen, Huttinger. Ich hab Angst, dass du dich da verlierst und dass es dir bald keinen Spaß mehr macht. Wenn du das machst, dann quäl dich nicht nur. Denk nicht nur ans Gewinnen, sondern genieß es auch.«

»Ich bin mir ja auch nicht sicher«, sagte ich. »Schau dir mal die 15-Jährigen an, wie gut die heute schon spielen.«

»Stimmt, einfach wird das nicht, ist klar, aber du schaffst es nur, wenn du nicht verkrampfst«, sagte Eitzi. »Wenn du in Form bist, kannst du die Jungen vielleicht über das Mentale knacken, aber nicht, wenn du dich zu sehr unter Druck setzt. Hart an dir arbeiten musst du, aber im entscheidenden Moment entspannt bleiben, Huttinger.«

»Stell dir mal vor, ich schaff's. Dann lass ich mir die Weltrangliste auf meinen rechten Arm tätowieren, das wäre doch der Wahnsinn«, sagte ich.

»Ach, Huttinger«, seufzte der Eitzi.

Er riet mir zu ein paar lockeren Läufen an der Isar, weil ihm meine Plauze wenig nach Tennistour aussah. Wir tranken auf diesen originellen Vorschlag noch ein Augustiner. Dann aßen wir Zwiebelrostbraten und bestellten zum Dessert Kaiserschmarrn und Marillen-Obstler. Er gab mir die 500 Euro für Federers Sieg. Danach wankten wir nach Hause, nickten uns zu. Wir waren einverstanden mit dem Abend. »Nacht, Eitzi«, sagte ich. »Sersi«, sagte er.

Ich mochte solche Abende mit Eitzi, bei denen gut getrunken und gegessen wurde. Das Problem war, dass ich sie nun streichen musste. Wenn ich meine Beine aneinander stellte, durchstreckte, und mich dann nach vorne beugte, um mit den Händen meine Füße zu erreichen, kam ich nicht weiter als bis zu den Knien. Ich wog über 100 Kilo, ernährte mich genussvoll und kalorienreich. War ich glücklich, besuchte ich die Geliebte Augustiner. Hatte ich Frust, besuchte ich sie auch. Es brauchte gute Gründe, sie nicht zu treffen. Aber die hatte ich ja jetzt. Auch wenn sich mein Leben noch nicht besonders sportlich anfühlte, der Traum von meiner Tennis-Weltreise ließ mich nicht mehr los.

An Ideen, die sich am Tresen gut anhörten, hatte es mir noch nie gemangelt. Jetzt musste ich mit der Umsetzung beginnen, mit der Transformation vom Kneipenheld zum Leistungssportler. Wenn es draußen kalt war und schneite, wenn die Bedingungen mies waren, dann lag es an mir, ob ich an die Isar zum Laufen aufbrach oder zum Tennistraining fuhr. Ich würde meinen Schweinehund bezwingen müssen, nicht ein paar Mal, sondern jeden Tag, über viele Monate. Ich musste mich mit ihm anfreunden, damit er mir keinen Ärger machte. Ich hatte keinen Athletenkörper mehr, aber ich hatte Erfahrung. Ich wusste, dass ich scheitern würde, wenn ich das Projekt Weltrangliste so planlos anging wie damals in Kambodscha.

Ich musste mir über meine Ziele und Zwischenziele klar werden. Eine Struktur erstellen, mit der ich sie erreichen konnte. Ich brauchte einen Plan. Keinen wundersamen »So ändern Sie Ihr Leben in 90 Tagen«-Plan, sondern einen, den ich einhalten konnte. Der sich mit meinem Alltag als Berufstätigem und Ehemann vereinbaren ließ. Der mir Disziplin und Konstanz abverlangte, mich aber nicht überforderte. Ich hatte in der Vergangenheit Radikaldiäten gemacht und war drei Monate danach schwerer gewesen als vor dem Kasteien. Ich durfte meine Persönlichkeit nicht abstellen, aber ich musste den Genuss kontrollieren und meine Faulheit überwinden. Die Trägheit würde schwinden, wenn sich nach den ersten Wochen Verbesserungen einstellten. Nichts motivierte mich mehr, als wenn ich Fortschritte sehen konnte.

Ein erfolgreicher Tennisspieler ist ein komplexes System. Ein Haus mit vielen verschiedenen Zimmern, die alle aufgeräumt sein mussten, wenn es in den Kampf ging. Mein Haus stand noch auf ein paar Grundfesten, drohte aber zusammenzufallen. Ich würde Zeit brauchen, es wieder auf Vordermann zu bringen. Das fing mit meinem Körper an, setzte sich bei meinen Schlägen fort und endete mit Matchpraxis, die ich mir nur über Turniertennis holen konnte.

Wenn ich mich in schwierigen Situationen in einem Match auf Automatismen verlassen wollte, dann musste ich meine Schläge trainieren. Ausprobieren, was im Match funktionierte und was nicht. Immer wieder. Automatismen entstanden durch Repetition. Wie bei einem Geiger, der jahrelang dasselbe Stück übte, damit er sich bei seinem Auftritt nicht verspielte, egal wie nervös er war. Er musste das Stück verinnerlichen, ich mein Spiel. Und ich musste mich Grenzsituationen aussetzen, mich an sie gewöhnen, um sie zu bewältigen.

Es reichte nicht, ein paar Wochen ein bisschen mehr zu trainieren oder ein paar Kilogramm Gewicht zu verlieren. Wenn ich mit den Jungen mithalten wollte, wenn ich auf internationalem Niveau konkurrenzfähig sein wollte, dann musste ich an vielen Schrauben drehen. Ich musste geduldiger werden, konstant an mir arbeiten und auch dann nicht aufhören, wenn ich müde war. Ich musste Ausdauer, Schnelligkeit, Beweglichkeit trainieren. Meinen Körper sportmedizinisch untersuchen und behandeln lassen, damit mir keine Verletzung den Traum zunichtemachte. Ich musste meine Konzentrationsfähigkeit steigern, Körperfett abbauen, die richtigen Muskeln aufbauen. Ich musste meine Schläge trainieren, mehr als zuvor, und ich musste viele Turniere spielen, gegen viele Gegner mit unterschiedlichen Spielweisen. Ich brauchte nicht nur einen Plan. Ich brauchte ein professionelles Konzept.

In meiner Jungsenioren-Mannschaft spielte Alexander Satschko, der Satsche genannt wurde. Er war unsere Nummer eins. Ich kannte Satsche seit meiner Jugend. Wir spielten bereits gegeneinander, als wir 14 Jahre alt gewesen waren. Satsche war ein Niederbayer, der mit seiner Frau und seinen beiden Söhnen in München lebte. Er hatte kurze schwarze Haare und das beweglichste Handgelenk, das ich je bei einem Tennisspieler gesehen hatte. Er konnte mit seiner einhändigen Rückhand die unglaublichsten Winkel spielen. Satsche war ein Magier auf dem Platz, ließ das aber nie raushängen. Im Gegensatz zu mir hatte er den Traum von der Weltrangliste nie aufgegeben. Nach einer Karriere im Einzel, die ihn unter die besten 300 Spieler der Welt brachte, schaffte er es als Doppelprofi sogar in die Top 100. Satsche hatte mit seinem Partner ein ATP-Turnier gewonnen und in Wimbledon gespielt. Er war Tennisprofi und ließ sich in unserer Mannschaft aufstellen, weil er uns mochte und im Winter in unserer Halle trainieren konnte. Ein Glücksfall für die Mannschaft. Und jetzt ein Glücksfall für mich.

Wir verabredeten uns zum Training.

»Glaubst du, du kannst mich in die Weltrangliste coachen?«, fragte ich Satsche.

»Theoretisch ja, aber da müssen viele Dinge zusammenpassen«, sagte Satsche, »du musst sehr gut trainieren, verletzungsfrei bleiben, und dann müssen wir die richtigen Turniere heraussuchen. In Europa wird es schwer, wir müssen es mit einem Buschpunkt versuchen. Du musst in exotische Länder reisen, am besten im Sommer, wenn die meisten Spieler woanders spielen.«

»Okay, ich mache, was immer du sagst«, sagte ich.

Satsche gefiel meine Idee. Sie forderte ihn heraus. Würde es ihm gelingen, diesen dicken Hutt in die Weltrangliste zu bringen? Satsche beriet mich ab jetzt bei Ernährung, Ausrüstung, Trainingsplänen und instruierte mich via WhatsApp vor und nach jedem Match. Ich wurde zu seinem Hobby. Er wurde zu meinem Mentor.

Satsche nannte mich »Feliciano« – wir mochten beide Latin-Musik, hörten Reggaeton aus seiner kleinen Boombox beim Aufwärmen, bevor wir unser Training begannen.

»Feliciano«, sagte Satsche, »*vamos*, Feliciano, wir schaffen das mit der Weltrangliste.« Er hatte sich über die Jahre auf der Tour antrainiert, das Positive in allem zu sehen. Auch in Niederlagen. Sie seien schlimm, sagte er, und man dürfe traurig sein, aber auf keinen Fall zulassen, dass sie einen zerstörten. Satsche betrachtete Rückschläge nicht emotional, sondern analytisch. Er rekonstruierte die Matches wie ein Mathematiker und fand die Formeln, die beim nächsten Mal helfen würden, um zu gewinnen.

Mich zerstörten Niederlagen. Ich ließ sie an mich heran, war so mit meinen verletzten Gefühlen beschäftigt, dass für das Rationale kein Raum blieb. Aber mit Emotionen, sagte Satsche, gewann man nicht. Der Computer im Kopf musste in jeder Lage funktionsfähig bleiben. Nur so konnte man auf Unvorhergesehenes reagieren. Er hatte recht, natürlich. Betrachtete man Roger Federer, konnte man feststellen, dass er, je älter er wurde, immer weniger Emotionen auf dem Platz zeigte. Er konservierte seine Energie. Ich verschwendete meine häufig, indem ich über den Gegner, die Zuschauer, die Platzverhältnisse, das Wetter und meine Unfähigkeit schimpfte, gerne auch über alles zusammen.

So unterhaltsam es für die Zuschauer sein mochte, wenn Spieler ihre Schläger schmissen oder den Schiedsrichter beschimpften, so destruktiv war dieses Verhalten für das Ergebnis. In Wahrheit zeigten sie, dass sie die Kontrolle verloren hatten. Das klang nicht romantisch, als Satsche mich darauf hinwies, aber wenn ich gewinnen wollte, dann musste ich lernen, meine Psyche zu nutzen. Ich musste lernen, die Kontrolle über meine Emotionen zu behalten. Auch nach Niederlagen. Ich musste mich mögen und unterstützen, weil man auf dem Platz niemand anderes hatte außer sich selbst. Wenn man den Typen auf der anderen Seite besiegen wollte, half es nicht, sich nach schlechten Punkten niederzumachen. Man musste sich helfen. Bei sich sein. Ich musste Gefallen daran finden, mich zu akzeptieren und auszuhalten, denn ich würde viel Zeit mit mir verbringen.

Es war Mitte Februar, als mein zweiter Versuch, in die Weltrangliste zu kommen, schließlich begann. Auf den Traum, den Roger Federer mit seinem Sieg bei den Australian Open in mir wiedererweckt hatte, sollte nun die Vorbereitung folgen. Bevor an internationale Turniere zu denken war, galt es, ein Fundament zu schaffen, von dem ich zehren konnte. Von der Geliebten Augustiner, dem Zwiebelrostbraten und den bacchantischen Abenden musste ich mich verabschieden. Die ersten Wochen würden sich nicht traumhaft anfühlen, das stand fest, aber ich freute mich darauf, Schmerz und Zweifeln zu begegnen, denn ich war darauf vorbereitet. Überzeugt, sie bezwingen zu können.

Ich entdeckte die Vorteile des frühen Aufstehens für mich. Damit verhielt es sich bei mir wie mit dem Joggen: Es kostete mich anfangs Überwindung, aber nach zwei Wochen wurde es zur Sucht. Ich musste in meinem Alltag Raum für mein Training schaffen. Tagsüber arbeitete ich, abends verbrachte ich Zeit mit Sina. Da blieb nur der Morgen. Der war bisher nicht mein Freund gewesen. Ich ging häufig spät ins Bett.

Nun stand ich unter der Woche um kurz nach sechs Uhr auf. Fand Gefallen daran, früher ins Bett zu gehen. Herrlich, diese Müdigkeit, wenn ich viel trainiert hatte. Ich rang meinem Arbeitstag zusätzliche Stunden ab. Morgens war es dunkel und kalt. Egal. Dafür klingelte das Smartphone nicht. Keine E-Mails, keine WhatsApp. Welch angenehme Ruhe in diesen Morgen lag. Ich dehnte mich ein wenig, zog meine Tennisklamotten an, holte mir einen Kaffee, setzte mich ins Auto und stellte die Sitzheizung an. Wenn ich Glück hatte, lief mein Lieblings-Radiosender FM4. Ich empfing ihn nicht immer. Sie sendeten aus Wien, auf Englisch. Stuart Freeman, der Host von der Morning Show, hob meine Laune. Sie spielten Alt-J und Voodoo Jürgens und Wanda, und die Tage, die so begannen, konnten einfach keine schlechten werden.

Mein Tennisverein, der STK Garching, lag an der Autobahn A9 Richtung Nürnberg. Ich brauchte 25 Minuten aus der Stadtmitte, wo ich wohnte, wenn es keinen Stau gab. Es gab immer Stau. Die Strecke hätte ich bald mit verbundenen Augen fahren können. Ich kannte jedes Verkehrsschild. Garching war die erste Ausfahrt hinter der Allianz Arena. Ein unscheinbarer Münchener Vorort. Neben der Anlage befanden sich ein See und ein Naturschutzgebiet. Früher waren hier mal Panzer stationiert gewesen. Jetzt verwucherte alles. Ich mochte es in Garching. Und ich bekam immer einen Platz in der Halle. Vor dem Eingang zu den Plätzen stand Roger Federer, als lebensgroße Pappfigur. Ich grüßte ihn, bevor ich auf den Platz ging. Er erinnerte mich an Llandudno Beach, wo mein Traum begonnen hatte.

Die Verfügbarkeit der Halle war ein Privileg, denn im Winter war es teuer, in München Tennis zu spielen. Die Hallenplätze waren meist ausgebucht. Nicht in Garching. Während sich Eitzi noch einmal im Bett umdrehte, begann ich meine Mission. Das Leben kannte bekanntlich viele schöne Gefühle, die sich jeder subjektiv aussuchen konnte. Nach einem Training in der Früh zu duschen, zurück in die Stadt zu fahren, wach und wohlriechend im Café Zeitung zu lesen, während die anderen Gäste sich den Schlaf aus den Augen rieben, genoss ich wie den doppelten Espresso. Ich schlief besser, wenn ich regelmäßig trainierte, mein Körper regenerierte sich im Schlaf. Ich hatte Hunger und kein schlechtes Gewissen mehr, wenn ich ihn befriedigte, denn ich brauchte die Energie, die ich zuvor ausgegeben hatte.

Ich hielt mich an meinen Plan. Mied das Augustiner. Überwand die ersten schlimmen Wochen erstaunlich unbeschadet. Morgen für Morgen fuhr ich nach Garching. Meine Trainingspartner hießen Satsche, Oliver Jöhl und Maxi Schmuck. Wir spielten seit Langem in der Herren-30-Mannschaft des STK Garching. Vor zwei Jahren hatten wir es für eine Saison in die höchste deutsche Klasse, die Bundesliga, geschafft, waren aber im Jahr darauf wieder abgestiegen. Das konnte unserem Zusammenhalt nichts anhaben. Jeder kannte die Stärken und Schwächen des anderen. Niemand wollte verlieren. Die Trainigseinheiten waren keine Gaudi. Wenn wir spielten, nahmen wir es ernst. Davon sollte ich profitieren.

Mit Satsche dauerte eine Einheit eine Stunde. Er war als Profi sehr beschäftigt. Das Training war kurz, aber intensiv. Wir arbeiteten an der Technik, spielten einfache Übungen. Schlugen die Bälle *crosscourt*, übten Aufschläge auf Hütchen, returnierten auf Zielkorridore. Ich profitierte beim Training mit Satsche nicht nur von seinen Tipps, sondern auch von der Geschwindigkeit, mit der er spielte. Er war ein Tourspieler. Seine Bälle kamen viel schneller auf meiner Seite an, als ich es gewohnt war. Gelang es mir, mich seinem Rhythmus anzupassen, verbesserte sich mein Spiel. So schnell wie er würden die Gegner auf den Weltranglistenturnieren auch spielen. In den ersten Einheiten war ich nach wenigen Minuten außer Atem.

»*Agua*, Wasser«, sagte Satsche dann.

Wir machten eine Pause. Satsche sah, dass ich schwächelte, und nahm Rücksicht. Er ließ mich nie spüren, dass uns Klassen trennten. Er nahm mein Projekt ernst. Machte es zu seinem. Ich konnte bei jedem Training mit Satsche die Fortschritte meines Niveaus überprüfen. Je häufiger wir spielten, desto länger hielt ich durch. Je mehr Bälle ich in seinem Tempo zurückbrachte, umso besser war ich geworden. Trainierte ich anschließend mit einem Spieler auf meinem Niveau, traf ich die Bälle selten zu spät, denn ich war Satsches Tempo gewohnt.

Mein anderer Tennis-Kumpel, Oliver Jöhl, für alle in Garching nur »der Olli«, war auch einmal Tennisprofi gewesen. Er war 46 Jahre alt und der Ehrgeizigste in unserer Mannschaft. Er arbeitete in der Nähe des Vereins und trainierte, als wäre seine Karriere nie zu Ende gegangen. Neben dem Tennistraining lief er 10-Kilometer-Rennen, fuhr Rad und schwamm. Ein Besessener. Gab es sonntags Braten, fühlte er sich montags zu dick. Dabei hätte ich für seinen fettfreien Körper viel Geld bezahlt.

Olli wurde zu meinem Lehrmeister. Er setzte bei den Dingen an, für die mit Satsche keine Zeit blieb. Olli stand mir immer zum Training zur Verfügung. Er profitierte von meinem neuen Eifer und hatte dafür jemand zum Spielen. Ich lernte von seiner Erfahrung. Olli brachte mir bei, mich mit Therabändern richtig aufzuwärmen. Er rannte mit mir Intervalle im nahen Fußballstadion des VfR Garching.

»Auf geht's, Felix, heute packen wir eine Stunde im 5:30er-Schnitt«, sagte er, bevor wir ins Gelände liefen. Als ich den Schnitt schon beim ersten Kilometer nicht halten konnte, blieb Olli bei mir und achtete darauf, dass wir die Stunde zusammen beendeten.

Olli erklärte mir auch, dass ich während der Ballwechsel oft die Luft anhielt, pressatmete, und deswegen mein Puls rasant anstieg. Er brachte mir bei, richtig zu atmen und Schwerpunkte zu setzen.

»Du brauchst kein Krafttraining, hast schon einen starken Oberkörper«, sagte Olli. »Du musst eher deine Ausdauer und deine Beweglichkeit verbessern.«

Er zeigte mir eine Übung, bei der man versucht, die Arme auf dem Rücken zu verschränken. So konnte man feststellen, wie beweglich man war. Es dauerte Monate, bis meine Hände einmal ineinandergriffen.

Olli schlug nicht ganz so hart wie Satsche, dafür sehr konstant. In unseren Matches konnte ich beobachten, wie sich meine Fehlerquote entwickelte. Gelang es mir, sie niedrig zu halten, hatte ich die Chance, einen Satz für mich zu entscheiden. Wurde ich ungeduldig, machte ich viele Fehler, verlor ich. Meist spielten wir uns ein und begannen dann mit einem Elfer durch die Mitte. Bei der Übung konnte man nicht punkten, sondern musste den Fehler des anderen Spielers erzwingen. Wer zuerst elf Punkte erreicht hatte, hatte gewonnen. Die Ballwechsel waren lang und förderten die Konzentrationsausdauer. Ein guter Tennisspieler musste in der Lage sein, nicht nur physisch, sondern auch psychisch über Stunden ununterbrochen Leistung abzurufen. Sich lange am Stück konzentrieren können. Ein mentales Loch konnte die entscheidenden Punkte kosten. Anfangs musste ich mich nach wenigen Minuten setzen, um mich auszuruhen. Mit der Zeit gelang es mir immer besser, mich über die zwei Stunden, die wir trainierten, zu konzentrieren.

Nach dem Elfer spielten wir meist zwei Sätze. Dabei herrschte die Atmosphäre eines Turniers. Wir kämpften, schimpften, schenkten uns nichts.

»Den hätte ja mein Sohn reingespielt«, schrie Olli, wenn er einen leichten Fehler machte.

Sein Sohn Moritz war acht Jahre alt und spielte lieber auf dem Computer. Das gefiel Olli nicht. Wir zogen uns auf, wenn wir das Gefühl hatten, dass ein Ball gut gewesen sein könnte, den der andere ausgegeben hatte. Das Training mit Olli gab mir Matchpraxis. Er erzählte mir danach häufig unter der Dusche, dass er über die Jahre die meisten der Matches gegen mich gewonnen habe. Wahrscheinlich stimmte das.

Mein dritter Trainingspartner hieß Maxi Schmuck. Die Einheiten mit Maxi waren die entspanntesten. Er war Tennistrainer mit B-Lizenz und nahm sich vor seinen Stunden Zeit für mich. Er hatte meinen Traum selbst gelebt, war vor ein paar Jahren aufgebrochen und hatte versucht, in die Weltrangliste zu kommen. Er hatte es nicht geschafft, aber wir redeten viel über seine Erfahrungen. Maxi bestärkte mich in meinem Vorhaben. »Wenn ich Zeit hätte, dann würde ich am liebsten mitkommen«, sagte er. »Es ist ein Privileg, dass du das machen kannst.«

Mit Maxi machte ich viel Matchtraining. Er hatte eine bessere Rückhand als Vorhand, was selten vorkam. Das half mir, meine Rückhand zu verbessern. Ich spielte meine Rückhand überwiegend *crosscourt*, und wenn ich seine anspielte, musste meine Länge und Geschwindigkeit haben. Sonst bestrafte er mich. Wenn ich nach unseren Einheiten zurückfuhr, war es Maxi meist gelungen, mir zu vermitteln, dass ich auf dem richtigen Weg war. Seine ruhige Persönlichkeit, seine zuvorkommmenden, unterstützenden Ansprachen gaben mir ein gutes Gefühl. Als würde etwas von seiner positiven Art auf mich abfärben. Hatte ich vor manchem Training vorgehabt, dieses schwachsinnige Unternehmen zu beenden, weil ich seit Wochen kein Match gegen Olli oder Maxi gewinnen konnte, wollte ich mich danach sofort für das nächste Turnier anmelden. Die Mischung aus Satsches Strategie, Ollis Strenge und Maxis Gutmütigkeit halfen mir, mich weiterzuentwickeln.

Ich machte auch abseits des Platzes Fortschritte. Ich aß morgens nach dem Training Vollkornbrötchen mit Honig. Ließ Butter und Zucker weg. Mittags gab es Kohlenhydrate, Pasta, Kartoffeln, abends Salat und Gemüse, Fisch und Geflügel. Mit der Geliebten Augustiner einigte ich mich auf ein Treffen die Woche. An einem Tag durfte ich sündigen. Essen und trinken, was sonst nicht erlaubt war.

Mit der Zeit brauchte ich diesen *Cheatday* immer seltener. Ich war süchtig nach den Endorphinen, die mein Körper ausschüttete, wenn ich bei einer Ausdauereinheit an meine Grenzen ging. Bei meinen Läufen an der Isar spielte ich in meinen Gedanken schon um den Einzug in die Weltrangliste. Ich sah beim Duschen an mir herunter, die Plauze verschwand langsam. Gegen halb elf Uhr abends schlief ich erschöpft ein. Sina beschwerte sich nicht. Sie hatte einen müden Mann, aber keinen verkaterten. Ihr ging mein Tennisgeschwafel auf die Nerven, aber nicht mein Tenniskörper, der sich langsam abzeichnete.

Der Frühling meldete sich. Morgens, auf dem Weg nach Garching, war es nicht mehr dunkel. Ich hatte die erste Phase überstanden.

4. Siegen lernen

Sardinien, Ostern 2017

Nach drei Monaten Training wollte ich endlich ein Weltranglistenturnier spielen. Mein Aufschlag war wieder eine Waffe. Es gelang nicht einmal Satsche, mich regelmäßig zu breaken. Ich bewegte mich besser, kam schneller in die Ecken und erlief Stoppbälle, die ich vorher nicht erreicht hatte. Längere Trainingseinheiten belasteten mich nicht mehr. Wo früher nur Fett war, zeichneten sich langsam Konturen ab. An der seitlichen Bauchmuskulatur zum Beispiel, was den vielen Aufschlägen zu verdanken war. Beim Aufschlag zog sich der Oberkörper erst zusammen, wie eine gespannte Feder, bevor er sich zum Ball nach oben streckte und die Kraft in den Platz entließ.

Ich konnte den Ernstfall eines Matches nicht im Training simulieren. Ich würde meinen Leistungsstand nur im Turnier erfahren. Er konnte nach dieser ersten Trainingsphase noch nicht hoch sein, aber ich war ungeduldig. Wie ein Kind, das ein neues Spielzeug geschenkt bekommen hatte, wollte ich das Gelernte ausprobieren. Herausfinden, welche Zimmer in meinem Haus schon gut aussahen und welche noch nicht fertig waren. Was konnte es auch schaden, ein erster Versuch, ein erster Test? Vielleicht hatte ich Losglück. Vielleicht schob ich einen Lauf. Vielleicht geschah ein Wunder, und ich kam ihm nahe, diesem einen ATP-Punkt, der einen Platz in der Weltrangliste bedeuten würde.

Meine erste Reise sollte eine schöne sein. Ich wollte den Wettkampf mit dem Angenehmen verbinden. Das Genießen nicht vergessen, wie Eitzi mir geraten hatte. Es würden noch andere Reisen kommen, vor denen ich fast ein bisschen Angst hatte. Pakistan zum Beispiel. Oder Uganda.

Der Trip sollte nach Italien gehen. Wenn Sina und ich eine Woche freihatten, fuhren wir oft nach Italien. Schwammen in Ligurien im Mittelmeer, aßen hausgemachte grüne Nudeln mit Pesto, frittierte Meeresfrüchte und tranken Vermentino. Wir mochten die höfliche Art, mit der man uns begegnete, die Lebensqualität, die weniger kostete als unser Leben in München, den Umgang der Italiener mit Kindern und Alten. Wir konnten uns vorstellen, einmal nach Italien zu ziehen, wenn der Ernst vorbei war.

Da ich mir kein ganzes Jahr freinehmen konnte, um Turniere zu spielen, musste ich Kompromisse finden. Mit meiner Arbeit, aber vor allem mit meiner Frau. Ich wollte Turniere in unseren Urlauben spielen. Sina miteinbeziehen. Sina fand, das seien dann keine Urlaube mehr. Sie hatte keinen Bezug zum Leistungssport. Sie war in einem Vorort von Hamburg aufgewachsen, mit Hunden, Pferden, in der Nähe eines Waldes, in dem sie mit ihren Freunden wie auf einem großen Abenteuerspielplatz herumtobte. Wenn sie mir von ihrer Kindheit erzählte, klang das wie ein Astrid-Lindgren-Roman. Bei ihr ging es nicht um Gewinnen und Verlieren. Sie definierte sich nicht über Erfolge. Es nervte sie, wenn ich wegen eines verlorenen Tennismatches schlechte Laune hatte. Unsere Beziehung war nicht immer harmonisch. Gerade hatten wir eine gute Phase. Die durfte ich nicht riskieren. Mit Italien, da war ich mir sicher, bekam ich sie. Trotz Tennis.

»Wollen wir nicht Ostern nach Sardinien fliegen?«, fragte ich. »Nach Cagliari, in den Süden der Insel?«

»Um Urlaub zu machen, oder weil du da Tennis spielen willst?«, antwortete meine Frau, die natürlich sofort ahnte, dass ich etwas im Schilde führte.

»Äh, beides.«

»Ach komm, Felix! Das war doch klar! Es geht nicht um uns, sondern um dich und dein blödes Tennis. Dann bist du die ganze Zeit wieder gestresst wegen deinen Spielen.«

»Ein paar Stunden am Tag vielleicht, aber den Rest könnten wir zusammen genießen. Sardinien ist schön. Da wollten wir doch immer schon einmal hin. Und wenn ich verloren habe, ausgeschieden bin, gehört die Zeit nur uns. Ich werde nicht lange im Turnier bleiben, da spielen viele starke Spieler mit.«

»Ja, ja, das sagst du jetzt, aber dann stresst dich das Tennis doch wieder so sehr, dass du keinen Kopf hast für andere Dinge. Wenn du was machst, machst du es richtig, das weißt du, und entspannt bist du in Sachen Tennis eh nicht.«

So ging es noch eine Weile hin und her, bis Sina schließlich nachgab. Ich freute mich, wollte mich sofort anmelden, aber so leicht war das nicht. In Santa Margherita di Pula, ein paar Kilometer südwestlich von Cagliari, fand in einem Ferienresort namens »Rocco Forte Village« fast jede Woche ein Future-Turnier statt. Die Turniere in Pula waren mit 25 000 Dollar dotiert und stark besetzt. Die Spieler schätzten, dass auf Sand gespielt wurde, während in Mitteleuropa gerade die Hallensaison zu Ende ging. Man konnte die Turniere auf Sardinien wie ein Trainingslager nutzen, sich einen Vorsprung für den Sommer erarbeiten. Zudem war das Wetter in Pula verlässlich schön. Nur der Wind, der vom Strand über die Anlage wehte, erwies sich als unberechenbare Variable. Wind konnte ein Match verzerren. Wind konnte dem Präzisen die Präzision und dem Schnellschlagenden die Geschwindigkeit nehmen. Wind nivellierte Matches.

Zwei Verbände regieren den Tennissport. Die ITF, die »International Tennis Federation«, ist für Grand-Slam-Turniere, den Davis Cup und die Future-Tour verantwortlich. Die ATP (Association of Tennis Professionals) organisiert alle anderen großen Turniere und die Challenger-Tour, auf der die Spieler antreten, deren Platzierung in der Weltrangliste zu gut für die Futures und zu schlecht für die großen Turniere ist. Die Weltrangliste eint beide Verbände. Sie ist die Bibel der Tennisspieler, die jeden Montag aktualisiert wird.

Ich registrierte mich auf der Website der ITF, zahlte den Jahresbeitrag von 65 Dollar und bekam eine ID-Nummer, mit der ich mich nun online für Future-Turniere anmelden konnte. Früher hatte ich mich noch per Telefon bei Turnieren angemeldet, aber auch die Tenniswelt war längst digitalisiert.

Ich sah auf der Website eine Liste mit Spielern, die sich bereits für das Future auf Sardinien gemeldet hatten. Die Hauptfelder der Futures bestanden immer aus 32 Spielern, die Qualifikationen aus 32, 64 oder 128 Teilnehmern. Je größer das Qualifikationsfeld, desto höher meine Chancen, mitzuspielen. Aber umso mehr Runden musste ich auch gewinnen, bis ich im Hauptfeld um einen ATP-Punkt spielen konnte. In Sardinien war eine 64er-Quali ausgeschrieben. Acht Spieler kamen ins Hauptfeld, bedeutete, man musste drei Runden in der Quali gewinnen.

Die Spieler meldeten sich jede Woche für mehrere Turniere gleichzeitig an, um dann wenige Tage vor dem jeweiligen Beginn zu entscheiden, welches Turnier sie tatsächlich spielten. So konnten sie darauf reagieren, wie stark oder schwach ein Turnier besetzt war. Wenn einer, der sich in Sardinien gemeldet hatte, zum Beispiel sah, dass hier viele andere gute Spieler antraten, das Wetter schlecht war oder der Belag ihm doch nicht passte, stornierte er seine Anmeldung und entschied sich für ein anderes Turnier. Erst nach der *»Freeze Deadline«*, die ein paar Tage vor Turnierbeginn auf der ITF-Website veröffentlicht wurde, wusste man, wer wirklich plante anzutreten. Nicht unkompliziert das Ganze, und vor allem planungsunfreundlich für Spieler wie mich, die sich nicht auf eine Platzierung in der Weltrangliste verlassen konnten.

Der Anmeldeprozess für Future-Turniere, die kleinsten Weltranglistenturniere, unterteilte die Spieler in vier Gruppen:

Die Elite: Spieler, die auf der Weltrangliste zwischen 150 und 400 standen. Sie hatten einen Platz im Hauptfeld sicher. Sie spielten normalerweise Challenger-Turniere, aber holten sich auf den Futures gerne Weltranglistenpunkte, Preisgeld und Selbstvertrauen.

Die Guten: Zwischen Rang 400 und Rang 800 platziert. Sie waren fast sicher im Hauptfeld. Falls sie durch die Qualifikation mussten, schafften sie dies meist souverän.

Die Qualifikanten: Junge Spieler, die es gerade in die Weltrangliste geschafft hatten, führten die Qualifikationsliste an. Dazu kamen Spieler, die keinen ATP-Punkt hatten, aber eine gute nationale Rangliste vorweisen konnten. Letztere füllten das Qualifikationsfeld auf.

Die Suppe: Ranglistenlose. Keine Welt-, keine nationale Rangliste. So wie ich. Wir fanden uns auf der *»Alternate List«* wieder und wurden auch *Alternates* genannt. Unsere Reihenfolge wurde ausgelost. Sollten Spieler aus der Qualifikation nicht erscheinen, durften wir mitspielen. Erschienen alle, schauten wir in die Röhre. Als wäre das nicht schon demütigend genug gewesen, kam erschwerend hinzu, dass wir erst nach dem Sign-in am Abend vor dem ersten Spieltag erfuhren, wer von den Qualifikanten anwesend war. Die *Alternates* gingen ins Risiko. Sie reisten an, ohne zu wissen, ob sie spielen konnten. Über diese Problematik hatte ich mir keine Gedanken gemacht. Wenn der Hutt schon plante, einen Weltranglistenpunkt zu holen, so hatte ich mir das gedacht, dann würde er wohl zumindest immer antreten dürfen. *Well, no.*

Sina buchte ein Airbnb in der Altstadt von Cagliari. Es hatte eine Dachterrasse und sah auf den Fotos fantastisch aus. Ich buchte Flüge nach Olbia. Von dort wollten wir mit einem Mietwagen über die Insel in den Süden fahren. Ich erfuhr mir gerne Gegenden. Ein lokaler Radiosender, durch das Fenster die Gerüche der Natur und vor mir die Straße. Das mochte ich. Aus mir hätte auch ein zufriedener Trucker werden können.

Von meinem Ärger mit dieser blöden Meldeliste erzählte ich Sina nichts. Ihr Mitleid würde sich in Grenzen halten. Mehr Urlaub, weniger Tennis, wo war das Problem?

Ich war eine Woche vor Turnierbeginn auf Position 153 der *Alternate List.* Ich war draußen. Weiter als draußen. Ich sah mich schon am Strand meinen Frust in Bier ertränken. Mein Traum von der Weltrangliste würde enden, bevor ich überhaupt einen Aufschlag gemacht hatte. »Felix Hutt – die Geschichte von einem, der auszog, die Tenniswelt zu erobern, und mit einem Kater nach Hause kam.« Das war eigentlich nicht die Geschichte, die ich zu schreiben gedacht hatte.

Auf der ITF-Website stellte der Verband zu jedem Turnier einen »*Fact Sheet*« bereit. Er enthielt Informationen wie Meldefristen, Platzanschriften, Spielerhotels, Fahrservice, Turnierleitung. Ich schrieb eine E-Mail an Alessandro, den Turnierdirektor. Die Veranstalter verfügten über Wildcards, die sie an Spieler ihrer Wahl vergeben konnten. Wildcards, wörtlich »Platzhalter«, sind Freiplätze. Sie gehen an Spieler, die sich nicht über die Rangliste qualifizieren. An Spieler, deren Karriere gerade beginnt, die lange verletzt waren oder von denen sich die Veranstalter Aufmerksamkeit erhoffen, weil sie besonders attraktiv spielen. Die bekannteste Wildcard der Tennisgeschichte heißt Goran Ivanišević. Er erhielt 2001 von den Veranstaltern einen Platz im Hauptfeld von Wimbledon. Und gewann das Turnier.

Bei Futures waren Wildcards für junge Spieler vorgesehen, die aus der Region kamen. In der Qualifikation und im Hauptfeld konnte Turnierleiter Alessandro jeweils vier Spieler mit Wildcards ausstatten. Er war ein mächtiger Mann. Und korrupt, aber das könnte zu meinem Vorteil sein.

Ich stellte Alessandro mein Projekt vor: Alter Mann will in die Weltrangliste und darüber ein Buch schreiben. Wie traurig wäre es, wenn dieser lustige Vogel aus Germania nicht mitspielen dürfte? *Do you understand, Alessandro? Please, help me!*

»*Si, certo*, Felix«, antwortete Alessandro. Wenn ich im »Rocco Forte Village« übernachtete, bekäme ich eine Wildcard. Bliebe ich 14 Tage, sogar eine für das Hauptfeld.

Für das Hauptfeld? Bei einem 25 000 Dollar-Future? Er wusste doch gar nicht, wie ich spielte. Super.

»Die Nacht im Village kostet 100 Euro. Pro Person«, schrieb er weiter.

Die Vergabe der Wildcards war offenbar ein Geschäft, mit dem sich Alessandro und seine Amici die Taschen vollmachten. Tatsächlich entdeckte ich in den Feldern der vergangenen Turniere viele Wildcards, die an Ausländer gegangen waren, wo sie doch für Einheimische bestimmt waren. So lief das nicht nur in Sardinien, sondern auf vielen der kleinen Weltranglistenturniere. Unbeaufsichtigt vom Weltverband ITF verschacherten lokale Veranstalter ihre Wildcards. Warum griff die ITF nicht ein?

Egal, ich war bereit zu zahlen.

»Kommt nicht infrage«, sagte Sina, »wir haben ein super Apartment für 70 Euro die Nacht. Mitten in Cagliari. Wir zahlen doch nicht 200 Euro, um in einem langweiligen Resort zu schlafen. Was soll ich da machen, wenn du trainierst?«

»Sorry, Alessandro, mit den Übernachtungen wird das nichts«, schrieb ich dem Turnierchef. »Gibt es noch einen anderen Weg für mich, an eine Wildcard zu kommen?«

Alessandro antwortete nicht. Gar nicht mehr. Auch nicht auf weitere Nachfragen. Ich drehte fast durch. Was für ein Mist. Jetzt hatte ich Sina so weit, dass sie mit mir zu einem Turnier flog. Mir war es gelungen, Urlaub, Tennis und Ehe unter einen Hut zu kriegen, und dann scheiterte ich an dieser blöden Meldeliste?

»Entspann dich, Feliciano«, sagte Satsche beim letzten Training vor der Abreise. »Da werden viele nicht auftauchen. Warte erst mal, wer wirklich kommt.«

Ich wünschte, sein Optimismus wäre ein Kuchen gewesen,

von dem ich ein kleines Stück hätte abhaben können. Wieso gelang mir das nie, ans Positive zu glauben? Tatsächlich war ich nach der Veröffentlichung der *Freeze Deadline* nur noch der 30. Spieler draußen. Nummer 30 auf der *Alternate List*. Niemand konnte sagen, welche Schicksalsgenossen die Reise antraten, wohl wissend, dass sie eventuell gar nicht spielen durften.

Wir flogen nach Olbia. Der Mietwagenverleih befand sich in einer Baracke ein paar Kilometer vom Flughafen entfernt. Wie die meisten Spieler auf Future-Niveau hatte ich keinen Sponsor. Ich musste meine Reisen selbst finanzieren. Mit Anreise, Verpflegung, Übernachtung, Mietwagen und Benzin kostete mich eine Woche auf einem Future-Turnier nie unter tausend Euro.

Die Fahrt war dann so schön, wie ich sie mir vorgestellt hatte. Sardinien erwies sich hügeliger als erwartet. Grüner. Manchmal blitzte links von der Straße die Costa Smeralda durch. Angenehme 25 Grad. Ein paar deutsche Camper kamen uns entgegen, klar, Osterferien, aber auf der Insel war genug Platz, um den Kartoffeln aus dem Weg zu gehen. Sina und ich gehörten zur Mehrheit der Deutschen, die im Urlaub andere Deutsche mieden. Wie zwei spießige Rentner konnten wir uns darüber aufregen, wenn wir im Lokal neben Deutsche gesetzt wurden. Und wenn am Nebentisch jemand »Gnotschi« bestellte und Gnocchi meinte, fühlten wir uns schon sehr kosmopolitisch.

Ich hielt an einer Tankstelle und trank einen doppelten Espresso. Ordentlich. Auf Sardinien gab es noch wenige Autogrills. Seit die Raststätten an italienischen Autostradas von irgend so einem Megakonzern übernommen worden waren, schmeckte der Kaffee an den Tankstellen schlechter. Bildete ich mir zumindest ein.

Die Laune im Team Hutt war so gut wie das Wetter. Sie wurde noch besser, als uns ein junges Gastgeberpärchen die Wohnung im *centro storico*, dem historischen Altstadtviertel, aufsperrte. Ein Schlafzimmer zum ruhigen Innenhof, eine geräumige Küche, alles sehr sauber, und dann diese Dachterrasse – ein Traum. Welche Aussicht! Auf der rechten Seite die Festung Cagliaris und die Kathedrale Santa Maria di Castello, die Bischofskirche des Erzbistums Cagliari. Und auf der linken Seite das Meer. Da wiederum waren wir so Mainstream wie alle Deutschen: Ein bisschen Meer sehen, und schon war Frieden. Mann, hatte ich Bock, mich sofort unter den Sonnenschirm zu setzen, einen Aperol Spritz zu genießen und das Tennis Tennis sein zu lassen.

Aber ich war nicht zum Vergnügen hier. Ich musste lernen, Leistungssport und Urlaub miteinander zu verbinden, was eine ziemlich waghalsige Angelegenheit war. Ich wollte entspannen, aber musste angespannt bleiben. Ich wollte genießen, musste dabei aber aufpassen. Alkohol gab es, das hatte ich mir fest vorgenommen, erst nach dem Turnier.

Während Sina auspackte, rief ich den Tennisclub Cagliari an.

Fragte den Trainer, ob ich ein bisschen mittrainieren konnte.

»*Si, certo*«, sagte der, und wenig später absolvierte ich eine Einheit mit zwei Nachwuchsspielern, die mich ziemlich panierten. Sie seien noch nicht gut genug, um in Pula beim ITF-Turnier anzutreten, sagte der Trainer.

Ah ja, dachte ich, aber gut genug für mich. Was das wohl über meinen Leistungsstand aussagte?

Abends gingen Sina und ich essen. Wir setzten uns davor auf die Terrasse einer Bar.

»*Aperitivo?*«, fragte sie, und ich schaute sie nur mitleidig an. *Ich doch nicht, bin doch Tennispro, Babe.*

Sie verzog das Gesicht.

»Klar«, sagte sie, »sorry, vergessen, du trinkst ja nichts, wenn du spielst.«

Wir fragten Passanten in der Fußgängerzone der Altstadt nach einem lokalen Restaurant. Die Speisekarte war auf Sardisch verfasst. Wir verstanden kein Wort, dafür saßen neben uns nur Einheimische. Ich sah die Kellner Teller mit großen, saftigen Steaks aus der Küche tragen. Meine Wahl fiel mir leicht. Sina nicht. Wir hatten die sardische Küche bei der ligurischen verortet, viel Fisch und Meeresfrüchte. Sina mochte Fleisch nicht so gern. Die Einheimischen aßen alle diese gigantischen Steaks. Ich wollte natürlich auch sofort eins. Dem Kellner deutete ich auf den Nebentisch.

»*You like horse?*«, fragte er zurück.

»*Oh, horse? This is horse? No, sorry*«, sagte ich.

Ich konnte einen Ochsen von der Zunge bis zum Schwanz verspeisen, aber Pferd ging irgendwie nicht. War noch nie gegangen. Nicht einmal der Versuch. Mentales Problem. Wir bestellten Pasta mit Pesto und immer wieder Grissini. Wir beschlossen in diesem Urlaub, viel selbst zu kochen.

Am nächsten Tag fuhren wir nach Santa Margherita di Pula. Es war Karfreitag und zugleich Sign-in-Day beim Turnier. Heute würde sich herausstellen, ob ich mitspielen durfte. Auf der Anlage fanden die beiden Halbfinal-Matches des aktuellen Turniers statt. Ein Deutscher namens Yannick Maden kämpfte auf Platz 1. Er brachte jeden Ball zurück. Er war so unglaublich schlank und beweglich wie eine Katze.

Wie sollte ich gegen so einen Gegner auch nur einen Punkt gewinnen?, fragte ich mich beim Zuschauen.

Tatsächlich würden sich unsere Karrieren die nächsten Monate nicht unbedingt parallel entwickeln. Maden gehörte bald zu den 150 besten Spielern der Welt.

Die anderen Plätze waren für das Training geöffnet. Training war auf Futures ein Politikum. Für mich meist ein Problem. Alle wollten immer wahnsinnig viel trainieren, aber es gab zu wenig freie Plätze. Und man musste einen Partner finden. Wann man mit wem wo und wie lange trainierte, das waren wichtige Fragen im Alltag eines Future-Spielers.

Die Spieler kannten sich, hatten sich verabredet. Ich kannte niemanden. Die Spieler wussten nicht, was sie mit mir anfangen sollten.

»Bist du ein Coach«, fragten sie mich manchmal, oder: »Spielt dein Sohn mit?«

Ich ging auf einen Platz, auf dem sich ein dunkelhaariger Typ mit Vollbart aufwärmte. Er war etwas älter, tätowiert, warum sollte er nicht mit mir ein paar Bälle schlagen?

»*Fuck off, this is my court*«, rief er mir zu, bevor ich ihn fragen konnte.

Er hieß Vasile, fand ich später heraus, kam aus Rumänien und tingelte seit vielen Jahren über die Futures, ohne großen Erfolg. Den gönnte ich ihm nun auch nicht mehr. Ich schlug ein paar Bälle mit einem jungen Neapolitaner, der so verloren war wie ich, bis uns nach zehn Minuten zwei Argentinier vom Platz vertrieben. Ich gab auf. Zehn Minuten Training waren nicht die optimale Vorbereitung, aber was sollte ich machen?

Sina war im Gym. Es schien ihr zu gefallen, denn sie war schon einige Zeit weg. Ich trank einen Espresso und schaute beim zweiten Halbfinale zwischen einem Argentinier und einem Österreicher zu. Nach einem langen Ballwechsel, den der Argentinier gewonnen hatte, schrie der Österreicher auf Deutsch über die Anlage: »Warum testet den niemand auf Doping? Der ist durchgezogen bis unters Dach, bringt jeden Ball zurück!«

Ich fand das lustig. Die anderen verstanden ihn nicht.

Vor dem Häuschen, in dem die Turnierleitung ihre Laptops aufgebaut hatte, entstand jetzt eine Spielertraube. Das Sign-in für die Qualifikation war ab 18 Uhr eröffnet. Ich unterschrieb neben meinem Namen auf der *Alternate List*, zahlte vierzig Euro Nenngeld und bekam eine Quittung. Sollte ich nicht mitspielen können, bekäme ich mein Geld zurück.

»*How are my chances?*«, fragte ich den Mann, den ich für den Turnierchef Alessandro hielt.

»*Don't know who is here*«, antwortete er grimmig.

Sina kam vom Hotel zurück auf die Tennisanlage. Sie war auf dem Laufband, im Pool und dann duschen gewesen. Nichts erfreute mich mehr, als wenn sie glücklich war. Im Gegensatz zu mir war sie ein durch und durch lebensbejahender Mensch. Egal wie oft die Welt neben, vor und hinter uns unterging, es würde sich für alles eine Lösung finden.

»Und«, fragte sie, »kommst du rein?«

»Keine Ahnung«, sagte ich, »wir müssen warten, bis das Sign-in beendet und die Qualifikation ausgelost ist.«

Ein grauhaariger Mann telefonierte aufgeregt neben uns. Es war der Vater von Stefanos Tsitsipas, einem der vielversprechendsten Junioren der Welt. Er redete sehr laut. Ich glaube, er konnte nicht fassen, dass sein Sohn Qualifikation spielen musste, keine Wildcard für das Hauptfeld bekam. Auch mit Stefanos' Karriere würde meine nicht mithalten können. Er gehörte ein paar Monate später zu den besten

50 Spielern der Welt. Im Januar 2019 schlug er bei den Australian Open sogar Roger Federer und zog ins Halbfinale ein. Ich kam mir trotzdem cool vor, so als Player zwischen den Playern.

Wir fuhren in ein Restaurant in der Nähe. Pizza-Night. Soulfood. Ging immer in Italien. Selten eine Enttäuschung. Und musste sein, nach der Pferdeüberraschung von gestern. Ich zwang mich während des Abendessens, nicht ständig aufs Smartphone zu schauen. Die Freitagabende vor einem Turnier waren Nervenkitzelabende. Kam ich rein? Gegen wen musste ich spielen? Ermöglichte mir die Auslosung einen Durchmarsch bis ins Hauptfeld, oder stand mir ein Gesetzter im Weg? Als Sina dann auf Toilette ging, holte ich rasch mein iPhone hervor. Es dauerte nicht mehr lange, bis die Auslosung auf der ITF-Website veröffentlicht würde. Ich konnte es kaum erwarten.

Meine Gedanken kreisten jetzt ständig um das Turnier und mein Projekt. Würde das jedes Mal so sein? War es immer so unsicher, ob ich mitspielen durfte? Mir raubte allein das Prozedere Energie. Ich mochte mir nicht jedes Mal Gedanken machen müssen, ob ich überhaupt antreten durfte. Ich wollte meine Energie darauf verwenden, auf dem Platz nicht wie ein Depp auszusehen, was schwer genug sein würde.

»Ich bin drin«, rief ich über den Tisch, »ich bin drin!« Das *Draw*, die Auslosung, leuchtete auf meinem iPhone-Display. Die Partie »Felix Hutt, GER, vs. Andrea Artieri, ITA« war für den nächsten Tag auf Court 3 angesetzt. Drittes Match nach 15 Uhr. Bedeutete, dass das erste Match um 15 Uhr beginnen würde, das zweite nach dessen Spielende folgte und danach mein Match aufgerufen würde.

Ich küsste Sina. Sie lachte, war froh, dass sie den restlichen

Urlaub nicht mit einem miesepetrigen Ehemann verbringen musste.

Ich googelte meinen Gegner. Er kam aus Sardinien und war 16 Jahre alt. Keine Weltranglistenpunkte.

»Das schauen wir uns an, das ist eine gute Auslosung«, schrieb Satsche, »der ist sicher nervös, hat noch keine Erfahrung. Da könnte was gehen, Feliciano!«

Am nächsten Morgen gingen wir auf den Mercato Civico di San Benedetto. Ein großes Gebäude im Zentrum von Cagliari, das wir von nun an jeden Vormittag besuchten. Wir tranken einen Espresso und machten dann unsere Einkäufe. Gemüse, Obst, Fleisch und Käse, im Untergeschoss priesen die Fischer ihren Fang in Kisten an, die mit Eis gefüllt waren. Schwertfische, Garnelen, Lachs, Thunfische, es war ein Traum. Wir verstanden nicht, was sie durch die Halle schrien, aber das machte nichts. Wir kauften Lachs und Sardellen und aßen mittags auf der Dachterrasse.

Es dämmerte, als Andrea Artieri und ich am späten Nachmittag Court 3 betraten. Die Matches vor uns hatten länger gedauert. Der Fotograf einer Lokalzeitung war auf den Platz gekommen und machte Fotos von meinem Gegner. Andrea sah gut aus, er war schlank, hatte hellbraune Haare. Ihm wuchs noch kein Bart. Er schien hier im Süden Sardiniens eine Bekanntheit zu sein. Der Fotograf knipste und knipste, auch noch, als er hinter dem Zaun Platz genommen hatte.

Sina saß auf einem Stuhl neben dem älteren Herrn und fand ihn nett. Das sagte sie mir später. Sie kannte nie den Spielstand während eines Matches, weshalb sie es von meinen Emotionen abhängig machte, ob es gut lief oder nicht. Manchmal klatschte sie bei Punkten meines Gegners, weil sie den Ballwechsel aufregend fand.

Das Flutlicht ging an. Der Schiedsrichter warf eine Münze. Ich entschied mich für Rückschlag. Beim Einspielen schlug Andrea die Bälle sehr schnell. Er machte grobe Fehler, manche seiner Schläge landeten in der Plane. Er hatte Kraft, wirkte physisch austrainiert, aber für ihn schien das auch kein alltägliches Match zu sein. Er war aufgeregt. Wie nervös ich war, ließ ich mir nicht anmerken.

Mein Plan war, ihn erst mal kommen zu lassen. Viele Bälle zurückzubringen. Sollte er mich dominieren, konnte ich reagieren und aggressiver spielen. Wir waren beide in einer Situation, die neu für uns war. Andreas Eltern und der Fotograf schauten zu, auch ein paar Freunde. Dies konnte ihn beflügeln, aber ihre Erwartungshaltung setzte ihn sicher auch unter Druck. Und dann spielte er gegen diesen alten, nicht gerade schlanken Deutschen, der keine Ranglistenplatzierung und keine Haare auf dem Kopf hatte. Auch wenn wir noch nie gegeneinander gespielt hatten, war er für Außenstehende sicher der Favorit. Ein besseres Los als mich hätte es für seinen Start in die internationale Karriere nicht geben können.

Ich nahm Andrea im ersten Spiel den Aufschlag ab.

»*Come on*«, rief ich, ballte die Faust. Ich wollte ihn einschüchtern. Ihm zeigen, dass ich präsent war. Hielt meinen Aufschlag, 2:0.

»Auf geht's«, schrie ich über das Netz.

Sina mochte das nicht. Sie hielt mich in solchen Momenten für einen Aggro-Proleten. Aber darauf konnte ich keine Rücksicht nehmen. Andrea musste wissen, dass ich ihn dominieren würde, er musste spüren, dass der Typ auf der anderen Seite heiß war. Nach nicht einmal 20 Minuten hatte ich den ersten Satz 6:3 gewonnen. Ich variierte meine Aufschläge. Setzte auf der Einstandseite Slice ein, um ihn weit hinaus in seine Vorhand zu drängen und den Platz zu öffnen. Platzierte die zweiten Aufschläge mit Kick auf seinen Körper, sodass er beim Return keinen Winkel hatte. Ergaben sich Gelegenheiten zum Angriff, weil Andreas Bälle zu kurz ins Feld kamen, ballerte ich nicht einfach drauflos, sondern kam mit einem kontrollierten Angriffsball ans Netz, vollierte ruhig ab.

Ich wusste, dass der Beginn des zweiten Satzes für das Match entscheidend sein konnte. Viele Tennisspiele entschieden sich zu diesem Zeitpunkt. Begann derjenige, der den ersten gewonnen hatte, stark und nahm dem anderen gleich den Aufschlag ab, raubte er seinem Gegner die Hoffnung auf eine Wende.

Breakte aber der Spieler, der den ersten Satz verloren hatte, zu Beginn des zweiten seinen Gegner, gab ihm das einen Schub. Er konnte den Matchverlauf drehen und einen dritten, entscheidenden Satz erreichen.

Ich breakte Andrea im ersten und dritten Spiel des zweiten Satzes und hielt zweimal meinen Aufschlag. Es stand schnell 4:0. Mich hatte der Gewinn des ersten Satzes befreit. Ich spielte mutiger, aggressiver, ohne Fehler zu machen. Die Vorstellung, mein erstes Match bei einem Future zu gewinnen, beflügelte mich, während Andrea verkrampfte. Er und seine Unterstützer hinter dem Zaun wussten, dass er nur noch eine Chance haben würde, wenn ich meine Linie verließ.

Es stand 6:3, 4:0. Viel besser konnte es nicht laufen, aber ich fand trotzdem einen Grund, mich aus dem Rhythmus zu bringen. »Bitte setz dich woanders hin«, sagte ich zu Sina, »wenn ich von der anderen Seite aufschlage, serviere ich immer auf deinen Kopf.«

»Warum denn?«, rief Sina zurück. »Ich sitze doch schon die ganze Zeit hier.«

Ich verlor zwei Spiele in Folge. Es stand 4:2. Andrea hatte Breakball. Bei 4:3 wäre mein Vorteil dahin. Er könnte dann mit seinem Aufschlag ausgleichen.

»Jetzt setz dich endlich woanders hin«, schrie ich meine Frau an. Sie schüttelte den Kopf, stand auf und ging.

Ich war sauer. Schlug ein Ass. Danach einen Vorhandwinner *longline*. Hielt meinen Aufschlag. 5:2. Beim Seitenwechsel nahm ich mir vor, im nächsten Return-Spiel viel zu riskieren. Andrea musste seinen Aufschlag halten, sonst wäre das Match verloren. Ich konnte, falls mir kein Break gelingen würde, danach das Match ausservieren.

Andrea begann nervös, verschlug eine einfache Rückhand. Ich attackierte die nächsten beiden Aufschläge, es stand schnell 0:40, ich hatte drei Matchbälle. Ein weiterer Vorhandwinner. *Game, Set & Match* Hutt. 6:3 6:2. Ich ballte die Faust. Machte ein Selfie mit Andrea. Ich wollte den Moment festhalten. Mein erster Sieg bei einem Future-Turnier. Was würde Satsche wohl sagen? Ein Platzwart zog den Platz ab. Aber wo war meine Frau?

»Siehst du, deswegen gehe ich so ungern mit zum Tennis«, sagte Sina auf der Rückfahrt nach Cagliari, »weil du dich immer so aufführen musst. Was habe ich dir denn getan?«

»Du hast recht«, versuchte ich sie zu beruhigen, »aber weißt du, wie unangenehm es ist, auf dein Gesicht aufzuschlagen?«

»Ja, aber dann rede normal mit mir. Schrei mich nicht an, und erst recht nicht vor anderen Leuten, das war echt peinlich«, sagte Sina.

Der Zeitplan für den nächsten Tag, der *»Schedule of Play«*, erschien auf der ITF-Website. Ich würde wieder das dritte Match nach 15 Uhr auf Court 3 spielen. Das war aber auch die einzige Parallele zum heutigen Match. Mein Gegner hieß Gábor Borsos. Ein Ungar, 25 Jahre alt, die Nummer 7 der Qualifikation. Er stand bereits unter den ersten 800 im Einzel, den besten 200 Spielern im Doppel. Ein erfahrener Profi, der mit seiner Freundin und seinem Coach nach Pula gereist war. Gegen Borsos würde sich zeigen, wie weit ich schon war. Wenn ich mit ihm mithalten, das Match vielleicht sogar gewinnen konnte, würde ich im Finale der Qualifikation stehen. Dann würde mich noch ein Sieg vom Hauptfeld und ein weiterer Sieg von meinem ersten ATP-Punkt trennen. Aber mit Konjunktiven hatte es noch kein Spieler in die Weltrangliste geschafft.

Unser Match begann pünktlich. Der Platz lag zur Hälfte im Schatten. Eine Brise wehte über die Anlage. Sie störte nicht, man konnte die Bälle gut kontrollieren. Mein Gegner war ein großer, dunkelhaariger Typ mit sehr weißen Zähnen. Das wusste ich so genau, weil er oft lachte. Er war höflich, zuvorkommend, und ich konnte nicht sagen, ob es daran lag, dass ihm bewusst war, welch einfaches Zweitrundenlos er in diesem Hutt vor sich hatte, oder weil er gut erzogen war. Er verschlug beim Warm-up keinen Ball. Seine Volleys waren überragend. Er spielte sie konstant vor meine Grundlinie. Ich hätte sie ihm gerne geklaut. Wie sollte ich ihn passieren? Gábor war groß und stark und wirkte nicht wie ein Sandplatzspezialist. Wenn es mir gelänge, ihn in längere Ballwechsel zu verwickeln, dann rechnete ich mir eine kleine Chance aus.

Ich gewann die Wahl, entschied mich für Aufschlag und fing mir sofort ein Break. Zu null. Gábor returnierte die meisten meiner ersten Aufschläge lang zurück in mein Feld. Ich konnte danach nicht wie gewohnt attackieren. Meine zweiten Aufschläge griff er an, als wären sie Einwürfe beim Hausfrauentennis.

Meine Schläge schienen ihm vorzukommen wie in Zeitlupe. Er war eine ganz andere Geschwindigkeit gewohnt. Nach vierzig Minuten lag ich 0:6 0:4 zurück. Ich hatte fünfmal in Folge meinen Aufschlag verloren. Oder anders formuliert: Ich hatte noch kein einziges Aufschlagspiel gewonnen. Mir drohte die gefürchtete »Brille«, wie ein 0:6 0:6 genannt wurde. Das niederschmetterndste Ergebnis, das mein Sport zu bieten hatte. Von meinem Optimismus war nichts mehr übrig. Die Schmach musste irgendwie abgewendet werden. Ich durfte jetzt nicht verkrampfen.

Mein nächstes Aufschlagspiel dauerte fast eine Viertelstunde. Es ging mehrmals über Einstand. Ich hatte Spielbälle, Gábor hatte Breakbälle. Mir war mal wieder total egal, ob ich mich lächerlich machte, was seine Freundin, sein Coach und die anderen Spieler von mir dachten oder was mir meine Frau beim Abendessen vorwerfen würde. Ich feuerte mich an. Schimpfte. Versuchte ihn einzulullen.

»*Come on, Gábor, give the old man a game*«, rief ich.

Er lachte wieder. Sein Coach und seine Freundin lachten auch. Aber tatsächlich, ich schaffte mein Spiel.

Es stand 1:4, wenig später hatte ich 0:6 2:6 verloren.

Ich war nicht wirklich enttäuscht, dafür war ich zu chancenlos gewesen. Gegen die Gábor Borsos dieser Tenniswelt würde es schwer werden, meinen Punkt zu holen, dachte ich mir, als ich Stefanos Tsitsipas zusah, wie er auf dem Center Court einen armen Schweizer Qualifikanten vorführte. Ich musste auf eine Chance gegen einen ranglistenlosen Spieler hoffen. Auf mehr Losglück, auf ein schwächeres Turnier.

Es war Ostersonntag, und der Urlaub konnte beginnen. Das Projekt Weltrangliste wirkte sich auch auf mein Verhalten außerhalb des Tennisplatzes aus. Ich machte Dinge, von denen ich annahm, dass man sie als junger Tennisprofi heute machen würde. Ich hatte mich bei Instagram angemeldet und mich mit vielen Spielern connected. Ich likte ihre Posts, die sie beim Training zeigten. Oder in einem Beachclub, oben ohne, die Sixpacks im Fokus. Ich schrieb WhatsApps, weil sich meine Homies auf den Turnieren auch WhatsApps schrieben, und war stolz, wenn mich eine Trainingsgruppe aufnahm. Ich sagte oft »Alter« und »Digger«. Ich hatte begonnen, Sneaker zu sammeln. In einem Foot Locker in Cagliari sah ich jetzt im Schaufenster silberne Nike Air Max 97. Ich kaufte vier Paar.

Normalerweise wäre ich ins Museum gegangen, in eine der vielen Kirchen der Altstadt, ich hätte mich für die Geschichte Cagliaris interessiert, Tageszeitungen gekauft und meine mageren Italienisch-Kenntnisse an ihnen versucht, aber ich assimilierte stattdessen zu einem stumpfen Scheuklappen-Leistungssportler. Egal wie schön der Ort war, an dem ein Wettkampf stattfand, wie historisch interessant, es ging immer nur um Training, Match, Essen, Trinken, Schlafen, Instagram, mehr nicht. Ich traf nicht einen Spieler, der ein Buch oder Zeitung las. Vielleicht musste das so sein, aber ich fand es traurig, dass am Ostermontag Männer, die wie Mönche gekleidet waren, eine Statue durch die Straßen trugen, die Einheimischen dem Umzug hinterherliefen und es mich null interessierte. Ich bemühte mich nicht einmal herauszufinden, was da stattfand.

Als wir ein paar Tage später zurückflogen, zog ich Bilanz. Ich hatte mein erstes Match gewonnen. Das Gefühl wollte ich schnell wieder spüren. Sardinien hatte es gut mit uns gemeint. Ich hoffte, dass Sina wieder mit mir auf eine Tennisreise gehen würde. Obwohl ich es nicht in die Weltrangliste geschafft hatte, war ich zufrieden. Ich wusste, woran ich arbeiten musste. Ich musste mir jetzt Matchpraxis dort erspielen, wo vor mehr als zwanzig Jahren alles begonnen hatte: auf kleinen Turnieren in Bayern.

5. Die Ochsentour

Bayern, Sommer 2017

»Immerhin, Feliciano«, sagte Satsche, »jetzt hast schon mal eine Runde gewonnen.«

»Ja, stimmt schon, aber gegen den Borsos habe ich kein Land gesehen, überhaupt keins«, sagte ich.

»Das sind auch nicht die Spieler, die du schlagen musst. Mach dir nichts vor: Spieler, die 800 in der Welt stehen, wirst du nicht knacken. Erst recht nicht auf Sand. Zieh dich am ersten Match hoch. Du warst nervös, hattest seit Langem kein Turnier gespielt und hast trotzdem dein erstes Match bei einem Future gewonnen. Weiterarbeiten, Feliciano, das ist ein langer Weg.«

Zu Beginn des Frühjahrs standen die Punktspiele meiner Herren-30-Mannschaft an. Eine gute Zeit, um Training und Matchpraxis miteinander zu verbinden. Wir spielten mittlerweile draußen, auf Sand. Wenn ich morgens nach Garching fuhr, war es nicht mehr dunkel, nass und kalt. Zwischen den Punktspielen konnte ich unter der Woche trainieren und am Wochenende ein Match absolvieren. Ich spielte auf den Positionen 5 und 6 im hinteren Teil der Mannschaft. Gewann alle Matches bis auf eines. Dieses verlor ich gegen einen Bringer.

Bringer waren Spieler, die jeden Ball zurückbrachten und auf den Fehler ihres Gegners warteten, sich wie Zecken vom Blut ihrer Opfer ernährten. Parasiten, die von den Fehlern ihrer Gegner lebten. Das widersprach meinen Vorstellungen vom Tennis, vom Leben. Ich mochte es, die Dinge selbst in die Hand zu nehmen, mir mein Glück zu verdienen. Ich wollte nicht vom Platz kommen und sagen müssen: »Heute habe ich gewonnen, weil mein Gegner mehr Fehler gemacht hat als ich.«

Ich mochte keine Schmarotzer, die profitierten, wenn andere etwas falsch machten. Ich bewunderte offensive Spieler wie Federer und Becker, nicht Defensivkünstler wie Nadal und Wilander.

Aber wenn ich auf meine Karriere zurückblickte, dann musste ich feststellen, dass die Bringer mich meistens geschlagen hatten. Es war ihnen oft gelungen, mich zu reizen, indem sie sich über meine Fehler freuten. Nichts taten, außer zu rennen und konstant zu bleiben. Smart spielten, oder feige, je nachdem, wie man das betrachtete. Doch seltsamerweise hatte ich mir nie Gedanken darüber gemacht, wie sich die Niederlagen gegen Bringer vermeiden ließen. Mir nie ein Konzept erarbeitet, mit dem ich sie hätte schlagen können. Sie waren eben die Idioten, die viel unattraktiver spielten als ich. Die nur gewannen, weil ich Schwäche zeigte. Ich reagierte mit verzweifeltem Hochmut, während sie nach dem Match beim Essen saßen und sich über den Sieg freuten.

Man sagt oft, dass Niederlagen mehr bringen als Siege, weil man aus ihnen Rückschlüsse ziehen kann. Im Fall dieses verlorenen Punktspiels auf einem tiefen Sandplatz an einem kühlen Sonntagvormittag in Aschaffenburg traf die Binsenweisheit zu. Ich fing an, mein Verhältnis zu Bringern zu überdenken.

Klar, ich konnte mich weiter über sie aufregen, aber was brachte mir das? Ich brauchte Siege, egal wie und egal gegen wen. Ich brauchte Selbstvertrauen, um international eine Chance zu haben. Ich konnte mir keinen Hochmut mehr erlauben. Mir lief die Zeit davon, ich musste erwachsen werden. Und realisieren, dass ich in den Tennissport so viel hineininterpretieren konnte, wie ich wollte. Aber das war nichts wert. Nur Siege zählten. Diese Erkenntnis hatten andere mit acht Jahren gemacht. Ich machte sie jetzt, mit 37 Jahren. Immerhin.

»Feliciano«, sagte Satsche zu mir, nachdem er sich das Match von meiner Bank aus angesehen hatte, »du kannst nicht immer erwarten, mit großem Tennis alle wegzuhauen. Wenn es nicht läuft, dann musst du deine Ansprüche auch mal zurückschrauben, den Gegner kommen lassen.«

»Wenn es läuft, dann kann jeder gewinnen«, sagte Eitzi beim Frustbier am Abend, »aber wenn es nicht läuft und du trotzdem einen Weg findest zu gewinnen, dann bist ein Champ.«

»Vergiss das schöne Tennis. Du musst böse fighten«, schrieb mein Freund Jörn Renzenbrink, der ehemalige Profi aus Hamburg. »Einfach alles vergessen und immer böse fighten.«

Böse fighten klang so einfach, aber es war der Schlüssel, um Matches zu gewinnen. Es stand für die Demut, die eigenen Ansprüche aufzugeben und bereit zu sein zu kämpfen.

Die Herren-30-Mannschaft des STK Garching wurde Zweiter der Regionalliga Süd-Ost und stieg nicht in die Bundesliga auf. Ich konnte darüber nicht lange traurig sein, denn ich hatte andere Ziele. Ich wollte den Sommer dazu nutzen, mich weiter in Form zu bringen und zunächst in die Deutsche Herrenrangliste zu kommen. Schwer genug, ich war gerade einmal LK 6, Leistungsklasse 6. Das LK-System war für Freizeitspieler geschaffen worden. Diese Gefilde musste ich schnell verlassen. Wenn ich in der offenen DTB-Herrenrangliste eine Platzierung unter den besten 500 Spielern Deutschlands erreichen könnte, dann wäre ich bei den Anmeldungen zu den Future-Turnieren nicht mehr ranglistenlos und Teil der großen Suppe, sondern mir wäre ein Platz in der Qualifikation fast immer sicher. Das würde es mir einfacher machen, meine Reisen zu planen. Wie angenehm wäre es denn, wenn ich nach Pakistan flöge und mir keine Gedanken über die Meldeliste machen müsste?

Im Juni begann ich schließlich die Reise in meine Vergangenheit. Ich hatte die Sommer meiner Jugend auf Turnieren in Bayern verbracht, während meine Schulfreunde Urlaub an der Adria oder auf Mallorca machten. Sie lagen am Strand. Ich ackerte auf dem Platz, zum Beispiel in Aidenbach, einem Dorf in Niederbayern, wo jedes Jahr die Aidenbach Open stattfanden.

Ich würde diesen Sommer wieder auf die Turniere fahren, die ich in meiner Jugend gespielt hatte. Die Ochsentour über bayerische Dörfer machen und dabei feststellen, dass sich wenig verändert hatte, bei ihnen, bei mir, und ich das nur in Teilen schlecht fand.

Die Turniere begannen meist Freitagnachmittag und endeten am Sonntag. Sie waren mit ein paar Tausend Euro dotiert. Um ins Preisgeld zu kommen, musste man mindestens das Achtelfinale erreichen. Je weiter man kam, desto mehr Punkte gab es für die Deutsche Rangliste. Sie wurde alle drei Monate aktualisiert. Neben einer Platzierung in der Rangliste versprach ich mir von der Ochsentour:

Matchpraxis: Je häufiger ich mich dem Ernstfall aussetzte, umso routinierter würde ich mit den Situationen auf dem Platz umgehen können.

Fitness: Während ich mich zu Ausdauerläufen an der Isar zwingen musste, verbesserte sich die Fitness bei Turniermatches, ohne dass ich daran dachte. Ich wollte gewinnen und musste dafür an meine Grenzen. Würde ich, wie manchmal an der Isar, aufhören, weil die Lunge brannte oder der Oberschenkel krampfte, verlor ich das Match. Und das tat immer am meisten weh.

Souveränität: Mit jedem Sieg würde ich die Ausstrahlung eines Siegers annehmen. Jede Niederlage würde ich besser analysieren können. Wenn Turniere und Wettkampf die Regel und keine Ausnahme mehr sein würden, dann könnte ich auch souveräner damit umgehen. Und souverän zu agieren war ein Schlüssel, um den Platz als Sieger zu verlassen.

Ich spielte mein erstes Turnier in Eichenau, einem Vorort von München. Mein Gegner war ein junger, drahtiger Kerl aus Regensburg.

»Servus, i bin der Maxi«, sagte er frech zur Begrüßung.

Und Maxi war auch auf dem Platz frech: Er war flink. Und ein Bringer. Er zwang mich, jeden Punkt selbst zu machen. Er schenkte mir nichts. Ich verlor den ersten Satz im Tie-Break. Es hatte zuvor geregnet. Es war sehr schwül. Meine Hose war so nass, dass die Bälle darin die Feuchtigkeit annahmen. Ich kam an meine Grenzen. Spürte, wie die linke Wade zumachte. Rettete mich im zweiten Satz in den Tie-Break. Bei 4:6 hatte Maxi zwei Matchbälle. Ich riskierte alles. Schlug meinen zweiten Aufschlag so hart wie den ersten. Konnte keinen Ballwechsel mehr bestreiten. Gewann den Tie-Break mit 12:10.

Ich ging ins Clubhaus, um meine Klamotten zu wechseln. Als ich meine Socken ausziehen wollte, schoss ein Krampf in meinen rechten Arm. Meine Hand stand im 90-Grad-Winkel von meinem Arm gebeugt, als wollte sie winken, und war wie eingefroren. Ich konnte die Stellung nicht korrigieren. Ich sah mich im Spiegel an und musste lachen. Nach Weltrangliste fühlte sich der Arm nicht an, eher nach Notarztwagen. Christian Blankl, ein Freund aus meiner Mannschaft in Garching, wartete im Clubhaus auf sein Match. Er betrieb eine Physiotherapie-Praxis und eilte mir sofort zu Hilfe. Er schmierte meinen Arm mit einer Creme ein und entkrampfte meine Muskulatur im Unterarm.

»Halt den Schläger locker«, sagte er, »wenn du zu fest zupackst, kommt der Krampf wieder.«

Ich war entkrampft. Gewann den dritten Satz 6:1. Dachte nicht an den Spielstand, ließ meinen Schläger einfach laufen. Wenn man Matchbälle gegen sich überstanden hatte, dann fühlte sich jede weitere Minute auf dem Platz an wie ein Bonus. Eigentlich war ich ja schon ausgeschieden gewesen. Der Sieg gegen den jungen Maxi aus Regensburg war für mich sehr wichtig. In mir steckte ein Gewinner, der bereit war, einen Rückstand aufzuholen, ein Match zu drehen, das schon verloren war. Der Sieg machte mir Mut.

Eine Stunde später musste ich zum nächsten Match auf den Platz. Mein Gegner war an eins gesetzt. Ich verlor in zwei Sätzen und fuhr aus Eichenau mit der Erkenntnis nach Hause, dass ich im ersten Match den Kampf gegen einen Bringer angenommen und gewonnen hatte, mein Fitnesszustand allerdings noch nicht turniertauglich war.

Eine Woche später fand in Ismaning bei München eines der größten Amateurturniere statt, die Bayerischen Meisterschaften. Ich musste in die Qualifikation, die bereits am Mittwoch begann. Ich hatte mir für das Turnier freigenommen. Es würden die besten Spieler aus Bayern anreisen, alle zehn, zwanzig Jahre jünger als ich. Ich brauchte meine Ruhe, musste bei mir sein. Ich schaltete das Telefon aus, wollte keine E-Mails sehen.

Auf den Plätzen gab es keinen Schatten. Die Anlage lag in der Sonne. Es war brutal heiß. Ich gewann mein erstes Match gegen Lukas, einen netten Niederbayern, der in seinen Schulferien mit seiner Schwester von Turnier zu Turnier fuhr. Das Ergebnis war eindeutig, aber mich kosteten die zwei Sätze in der Hitze trotzdem Kraft. Ich duschte eiskalt. Dehnte mich. Spürte meine Achillessehnen. Sie brannten. Meine Muskulatur war vom Rücken über das Gesäß bis zu den Waden durch das viele Sitzen so verkürzt, dass immer die Gefahr bestand, dass Bänder und Sehnen rissen. Die gereizten Achillessehnen würden zu meinem ständigen Begleiter werden. Ein chronischer Schmerz, an den ich mich gewöhnen musste.

Noch zwei Siege, um ins Hauptfeld der Bayerischen Meisterschaften bei den offenen Herren einzuziehen. Jedes gewonnene Match würde mir wichtige Punkte für mein Etappenziel, die Deutsche Rangliste, bringen. Mein nächster Gegner hieß Julian, ein Student aus Obermenzing in München, dem Viertel, in dem ich aufgewachsen war. Ich hatte ihn einmal in der Halle geschlagen, aber er war ein Sandplatzspezialist. Und er war fit. Wieder ein Bringer, der meine Geduld testen würde.

Ich gewann den ersten Satz 6:4. Brach im zweiten ein, 0:6. Ihm schien die Hitze nichts auszumachen. Mir schon. Es war bereits der vierte Satz an diesem Mittwoch. So viel Tennis an einem Tag hatte ich schon lange nicht mehr gespielt. Ich zog mein T-Shirt aus und hängte es über den Zaun. Es tropfte. Mittlerweile war Eitzi auf die Anlage gekommen und hatte sich an meinen Platz gesetzt. Es war immer schön, wenn er dabei war. Dann fühlte ich mich auf dem Platz nicht mehr allein. Ich wollte ihm beweisen, dass ich Fortschritte gemacht hatte. Mit den Jungen mithalten konnte.

Ich lag im dritten Satz schnell 0:2 zurück. Es schien, als würden Julian und die Hitze mich in die Knie zwingen. Doch ich drehte den Satz. Gewann viele der langen Rallyes. Ließ ihn Fehler machen. Wollte nicht mit dem Kopf durch die Wand, sondern setzte ihn ein. Mein Computer war an und funktionierte. Ich feuerte mich an, übertrieb es aber nicht. Teilte mir meine Energie ein. Spielte smart. Ich gewann 6:4 und stand im Finale der Qualifikation.

»Sauber, Huttinger«, rief Eitzi.

Mein Gegner am nächsten Vormittag hieß David. Er war sechzehn und kam aus der Nähe von Deggendorf. Seine Eltern fuhren ihn von Turnier zu Turnier. Sie gehörten zu den wenigen Eltern, die eine Balance gefunden hatten zwischen Ehrgeiz und Spaß, Unterstützung und Kind-sein-Lassen. Viele Tenniseltern taten sich damit schwer oder scheiterten. Sie übertrugen ihren Ehrgeiz auf ihre Tennis spielenden Kinder, bürdeten ihnen so viel auf, dass diese oft den Spaß verloren. Einer meiner besten Freunde war ein vielversprechender Junior, der zweitbeste Spieler in Bayern, gewesen. Ihm stand eine große Karriere bevor. Er hörte auf, mit 17 Jahren.

Der Druck, dem Kinder und Jugendliche im Tennissport von ihren Eltern ausgesetzt wurden, war auf jedem Turnier zu spüren. Damals, als ich selber noch ein Jugendlicher war, und heute. Nicht selten kam es vor, dass eine Mutter oder ein

Vater ihr eigenes Kind beschimpfend die Anlage verließen. Der bayerische Kabarettist Gerhard Polt hat das Fehlverhalten von Tenniseltern in seinem Stück »Longline« treffend persifliert. Er beschreibt eine Mutter, die ihrem Sohn ständig auf den Platz ruft, dass er *longline* spielen soll. Er, Polt, gibt den Vater, der sich über die Mutter so aufregt, dass er seinen Sohn anfeuert wie die Mutter, über die er geschimpft hatte. Viele in der Tennisszene lachten darüber, änderten aber nichts an ihrem Verhalten.

Ich kannte David. Er hatte mich im letzten Jahr einmal besiegt. Es sah seltsam aus, wenn wir gegeneinander spielten. Er war zierlich, wirkte kindlich, und auf der anderen Seite stand ich, der sein Vater sein könnte. David war ein Kämpfer und bewegte sich sehr gut. Er erlief Bälle, die andere verloren gaben. Es war wieder sehr heiß. Ich war müde von den fünf Sätzen vom Tag zuvor. Ich wusste, dass ich keine Chance hatte, wenn wir lange Ballwechsel spielen würden. Ich beschloss beim Aufwärmen, dass ich jeden Ball attackieren würde. Alles oder nichts. Was hatte ich schon zu verlieren? Mit meinen zwei Siegen von gestern würde meine Bilanz nicht schlecht ausfallen. Außerdem konnte ich bei einer Niederlage auf einen Platz als Lucky Loser hoffen.

Ich rieb mir vor dem Match die Wärmesalbe Finalgon auf meine Achillessehnen und Waden. Sie brannte wie die Hölle. Ein Schmerz löste den anderen ab, aber das war mir egal, denn ich hatte einen feinen Tag erwischt. Ich traf alles. Meine Taktik ging auf. David hatte einen langsamen Aufschlag, den ich angreifen konnte. Jedes Mal, wenn er kurz wurde, ging ich auf einen Winner und machte oft den Punkt. Er konnte meinen Aufschlag nicht lesen. Ich schlug viele Asse, auch mit dem zweiten Aufschlag. Ich spürte, wie mir die Erfahrung aus den Matches zuvor half. Der Druck war nicht mehr ungewohnt. Ich ging gut mit ihm um. Hatte nach eineinhalb Stunden 6:2 6:2 gewonnen. Stand im Hauptfeld der Bayerischen Meisterschaften. Drei Siege in Folge. Zum ersten Mal seit über 20 Jahren. Viele Punkte für die Deutsche Rangliste. Ich war da. Ich glaubte. Ich konnte ein Sieger sein.

Zwei Stunden später verlor ich gegen einen erfahrenen Lokalmatador, der in der Regionalligamannschaft des TC Ismaning spielte. Das änderte nichts daran, dass mich meine Gegner und, viel wichtiger, ich mich selbst von nun an respektierten. Ich war nicht mehr der alte Exot, der Tennistourist von den Jungsenioren, sondern ein Gegner, auf den man aufpassen sollte. Ich war wieder ein Turnierspieler.

Beim nächsten Turnier in Straubing traf ich in der ersten Runde auf den an Drei Gesetzten. Er kam aus Bamberg und stand auf Platz 286 der DTB-Rangliste. Er spielte in der Bayernliga auf 2, bei den Herren. Er durfte nicht gegen mich verlieren. Er war haushoher Favorit, Wolkenkratzer-Favorit. Ich gewann 7:6 7:5. Ich spielte gegen einen, der bald Profi werden könnte, und bestand den Test. Am liebsten wäre ich sofort auf das nächste Future-Turnier gefahren.

In der zweiten Runde verlor ich gegen einen Oldie, der das Zurückbringen, das sogenannte Schupfen, perfektioniert hatte. Er nahm mit seinen Slice-Bällen Geschwindigkeit aus dem Spiel und brachte mich aus der Fassung. Ich führte 5:2 im dritten Satz, bekam Krämpfe im Oberschenkel und verlor 5:7.

»Wer hätte vor ein paar Monaten gedacht, dass du mit Topspielern aus der Herrenrangliste mithalten kannst«, sagte Satsche bei unserem nächsten Training. Ich sollte die Niederlage vergessen, mir bewusst machen, welche Fortschritte ich seit Februar gemacht hatte.

Ich spürte, dass ich mich verletzen würde, wenn ich meinen Körper zwischen Training und Turnieren nicht pflegte. Ich spielte wieder so viel Tennis wie in meiner Jugend, hatte aber nicht mehr den Körper eines 18-Jährigen.

Ich fuhr nun regelmäßig in die Praxis meines Teamkameraden Christian Blankl, um mich behandeln zu lassen. Franzi, eine der Physiotherapeutinnen, massierte meine Waden, renkte meine Brustwirbel ein, behandelte meinen gereizten Hüftbeuger, lockerte und dehnte meine Schlagschulter.

Satsche sagte, ich solle auch mal eine Pause einschieben, meinem Körper Regeneration gönnen, aber ich konnte nicht. Ich war wie auf Droge. Süchtig nach Siegen. Wollte trainieren, spielen, siegen. Ich fuhr zu Turnieren nach Haimhausen, Schliersee, Seeshaupt, Waging am See.

Lief es beim Turnier am Wochenende gut, war ich auch unter der Woche gut drauf. Lief es schlecht, hatte ich miese Laune. Mein Leben war wieder abhängig von Sieg oder Niederlage. Ich war 37 Jahre alt, und Niederlagen machten mich nicht weniger fertig als mit 16. Ich fand das lächerlich, konnte aber nichts daran ändern.

In den nächsten Wochen verlor ich drei Matches in Folge, obwohl ich jeweils Matchball gehabt hatte. Ich schied aus, obwohl mir nur ein Punkt zum Weiterkommen gefehlt hatte. Dies war ein Zeichen, dass ich es längst zu ernst nahm. Verkrampfte. Ich wollte so sehr in diese Rangliste, wollte unbedingt unter die ersten 500, dass ich die Lockerheit verlor. Ich gewann noch ein paar Matches, aber verlor immer häufiger Partien, die ich hätte gewinnen können. Der Computer in meinem Kopf hatte einen Virus. Ich war überspielt.

Als am 30. September 2017 der bayerische Turniersommer endete, hatte ich es in die Deutsche Herrenrangliste geschafft.

Ich war jetzt LK1, aber ich wurde nur auf Platz 650 geführt, war also nicht unter die besten 500 deutschen Tennisspieler gekommen. Ich würde bei den Future-Turnieren weiterhin als Ranglistenloser über die *Alternate List* versuchen müssen, in die Qualifikation zu kommen. Trotzdem hatte mir die Ochsentour viel gegeben. Ich hatte mich in Bayern bewiesen. Nun galt es, mein Ziel nicht aus den Augen zu verlieren. Die Weltrangliste.

Ich musste beginnen, meine Reisen zu planen. Im November und Dezember wollte ich vier Wochen hintereinander Future-Turniere spielen. Drei in Stellenbosch, Südafrika, und eines in Islamabad, Pakistan. Ich meldete mich auf der ITF-Website an. Mir gelang es, Sina davon zu überzeugen, mit nach Südafrika zu kommen. Bei Penny und Andrew am Llandudno Beach Urlaub zu machen, während ihr Gatte sich weiter als Tennisprofi versuchte. Nach Pakistan würde ich danach allein reisen.

6. Nichts passiert ohne Grund

Südafrika II, November 2017

Südafrika, *here we go again.* Ab in die Weltrangliste. Was wäre das denn bitte für eine geile Geschichte? Im Januar hatte ich Kapstadt als 100-Kilo-Mann verlassen. Mit einem Traum, der mir zugeflogen war, während ich zu viel Bier getrunken und Roger Federer dabei zugesehen hatte, wie er die Australian Open gewann. Und nun kam ich zurück ans Kap. Schlanker, schneller, schlauer, mit den Erfahrungen eines Turniersommers, und würde mir hier, wo meine Idee von der Weltrangliste geboren worden war, meinen ersten ATP-Punkt holen.

Ich hatte über den Sommer die Meldelisten auf der ITF-Website verfolgt. Beobachtet, wer sich wo anmeldete. Mit Satsche hatte ich immer wieder diskutiert, welche Turniere sinnvoll für mich sein könnten, wo ich eine reelle Chance haben würde.

Südamerika? Aufregender Kontinent, aber bei schwülheißem Wetter in São Paulo auf schwerem Sand gegen ausdauernde Brasilianer spielen? Eher nicht. Australien, Neuseeland? Klar, aber lange Anreise, und wer sollte das bezahlen?

China? Sofort, aber wenn die erfuhren, dass ich Journalist war und kein Tennisprofi, würden sie mir vielleicht das Visum verweigern. Schweden? Nette Leute, aber kleine Qualifikationsfelder, in die man als Ranglistenloser nicht hineinkam. Überhaupt, Europa, immer voll, immer *busy*, immer stark besetzt.

Ich hatte in diesem Jahr noch vier Wochen Urlaub, konnte also an vier Turnieren teilnehmen. Diese Zeit wollte ich nutzen. Ich hatte mich jetzt schon einige Monate gequält. Das sollte nicht umsonst gewesen sein. Ich war bereit für den nächsten Schritt, fühlte mich nicht mehr wie ein Tennistourist, wie vor der Reise an Ostern nach Sardinien, sondern wie ein ernst zu nehmender Anwärter auf die Weltrangliste.

Ich hätte in den vier Wochen vier Turniere an vier Orten spielen können. Aber das hätte bedeutet, dass ich mich jedes Mal auf neue Bedingungen hätte einstellen müssen. Satsche und ich entschieden, dass ich mehrere Turniere an einem Ort spielen sollte. So könnte ich mich akklimatisieren, müsste nicht herumreisen und hätte nicht so viel Druck. Lief es eine Woche schlecht, bekäme ich in der nächsten sofort die Chance, es am selben Ort besser zu machen.

Auf der Tennisanlage der Universität von Stellenbosch fanden von Mitte November an vier Future-Turniere statt. Die Konditionen klangen perfekt. Es wurde auf Hardcourt gespielt, einem Belag, der schneller war als Sand und meinem Spiel helfen würde. Ich könnte viele Punkte über den Aufschlag erzielen. Die Turniere waren jeweils nur mit 15 000 Dollar dotiert, sollten also nicht zu stark besetzt sein. Zu der Zeit war es in Südafrika angenehm warm, nicht heiß. Reiste man aus Deutschland an, litt man unter keinem Jetlag, denn die Zeitumstellung betrug nur eine Stunde.

Ich meldete mich für die ersten drei Turniere in Stellenbosch an, und für die letzte Woche meines Urlaubs noch bei einem weiteren Wettkampf in Pakistan. Wegen der Abwechslung. Und weil das Turnier dort sicher auch eher schwach besetzt sein würde. Welcher Irre außer mir flog schon Anfang Dezember nach Taliban-Country, um Tennis zu spielen? Jesus! Sollte es in Südafrika wider Erwarten nicht klappen, hätte ich in Islamabad noch eine Gelegenheit, erfolgreich zu spielen.

Ich kannte und mochte die Gegend um Stellenbosch, mit ihren Weinbergen und Straußenfarmen, ihren Kolonialhäusern und Picknickwiesen. Wo man hinkam, standen schon ein kühles Glas Chardonnay und ein Holzbrett mit Käse, Oliven und Brot bereit. Es gab unaufdringliche, freundliche Menschen, die Südafrikas Sorgen auf dem Golfplatz verdrängten und sich nachmittags einen Gin Tonic gönnten. *Cheers, mate!* Manchmal etwas gewöhnungsbedürftig, die ganze Post-Kolonial-Szenerie. Es war eben bequem in Südafrika, zumindest wenn man es sich leisten konnte. Wie es denen erging, die auf den Feldern in der Hitze Erdbeeren und Baumwolle pflücken mussten, denen, die in den Wellblechhütten der Townships wohnten, die man passierte, wenn man auf der Autobahn N2 von Kapstadt nach Stellenbosch fuhr, war nicht zu übersehen. Die meisten Touristen buchten Tagesausflüge von Kapstadt in die Winelands um Stellenbosch, nach Franshoek oder Paarl. Ernie Els, der Golfprofi, besaß ein Weingut in Stellenbosch, auf dem man seinen Signature-Rotwein verkosten konnte.

Sina und ich waren schon zweimal in Babylonstoren gewesen, einem Weingut mit Hotel, Gemüse- und Obstgärten, auf dem uns jeden Morgen eine große Schildkröte begrüßt hatte, wenn wir zum Frühstück liefen. Die Gegend hatte gutes Karma.

Die Meldelisten für die Turniere in Stellenbosch waren zwar mehr als voll – ich fand mich weit hinten auf den *Alternate Lists* wieder –, aber das konnte mir meine Zuversicht nicht nehmen. Es würden sicher nicht alle Spieler die weite Anreise auf sich nehmen. Zudem stand im *Fact Sheet*, dass die Qualifikationsfelder aus 48 Teilnehmern bestehen würden. Mit den Südafrikanern war ich immer gut klargekommen. Das waren geradlinige Typen, mit denen man reden konnte. Keine korrupten Sarden, die sich für Wildcards bezahlen ließen.

Ich schrieb Iain, dem Turnierdirektor, hauptberuflich sportlicher Leiter des südafrikanischen Verbandes, eine E-Mail und fragte nach einer Wildcard für das Hauptfeld. Zugegeben, das war sehr optimistisch, denn da gehörte ich nicht hin. Aber mehr als Nein sagen konnte Iain ja nicht. Und vielleicht hatte ich Glück und der gute Iain fand mein Projekt Weltrangliste so toll wie ich.

Iain antwortete prompt. Sehr freundlich. Ich hatte es nicht anders erwartet. Er freue sich, dass ich nach Stellenbosch reisen wolle, schrieb er, und, dass es mit einer Wildcard für das Hauptfeld schwer werden würde, weil die an Südafrikaner gehen mussten. Sie würden mir aber auf jeden Fall helfen, in die Qualifikation zu kommen.

Wie schön! Sie würden mir im Notfall helfen. Mehr konnte ich nicht verlangen. Ich war erleichtert. Ich würde spielen. Die Reise würde nicht umsonst sein. Wusste ich es doch, einfach nett diese Südafrikaner. Und wenn mich Iain erst einmal in der Qualifikation kämpfen sah, würde er es sich vielleicht überlegen mit einer Wildcard für das Hauptfeld. Wann konnte man dem Publikum denn schon mal so einen Exoten auf dem Center Court präsentieren wie diesen Crazy Hutt aus Germany?

Der E-Mail-Austausch zwischen Iain und mir fand Ende August statt. Bis zum ersten Turnier blieben mir noch zweieinhalb Monate. Ich buchte unsere Flüge, einen Mietwagen und reservierte das Apartment bei Penny und Andrew am Llandudno Beach. Ich war sehr motiviert. Arbeitete so hart an mir wie seit meiner Collegezeit nicht mehr. Der Verzicht auf das genussvolle Leben war Routine geworden. Ich sah Fortschritte auf der Waage und auf dem Platz. Meine Arbeit bis hierher hatte sich gelohnt, aber mit dem Ziel Südafrika steigerte ich mein Trainingspensum. Neben dem Tennis- und Ausdauertraining traf ich nun mehrmals die Woche Volker, Satsches Fitnesscoach. Volker arbeitete an den Wochenenden als Hip-Hop-DJ und unter der Woche als Personal Trainer. Er war durchtrainiert. Nicht wie Schwarzenegger, sondern wie ein Kung-Fu-Kämpfer. Er hatte einen getrimmten Vollbart, kurze schwarze Haare und lachte eigentlich immer, selbst wenn meine Performance nicht zum Lachen war.

»Oida«, sagte er zu mir, »Oida, jetzt reiß di zam!«

Volker war genauso positiv wie Satsche. Die Stunden mit ihm brachten mich gut drauf. Auch an Tagen, an denen die Achillessehnen brannten und Olli mich im Trainingsmatch dominiert hatte und ich mal wieder an mir und meinem Vorhaben zweifelte. Nach dem Training mit Volker ging es mir immer besser.

Er stellte mir ein Programm zusammen, das mir half, meine körperlichen Schwächen auszumerzen. Wir machten Übungen für die Hüftmobilität, Balance, Beweglichkeit, Antrittsschnelligkeit, Rumpfstabilität. In den Stunden mit ihm gab es keine Pause. Eine Übung folgte auf die nächste.

»So, Meister, ja, der geht gut rein, was?«, frotzelte er, wenn ich vor dem Spiegel im Fitnessstudio mal wieder umkippte, weil ich nicht lange auf einem Bein stehen konnte, während ich das andere nach hinten streckte.

Volker riet mir zur basischen Ernährung. Das hielt ich nicht immer durch, aber ich versuchte einige seiner Tipps zu befolgen. Aß Lachs, Steak, Gemüse, Obst. Mehr Eiweiß, weniger Kohlenhydrate, kein Fett. Ich wog nur noch knapp über 90 Kilogramm. Wenn ich an der Isar meine zehn Kilometer lief, fühlte ich mich leicht. Ohne Aufwand blieb ich unter 50 Minuten. Vor einigen Monaten hatte ich für die gleiche Strecke über eine Stunde gebraucht.

Die Verbesserungen waren auch auf dem Platz zu spüren. Hatte ich früher nach längeren Ballwechseln die nächsten Punkte verloren, weil mein Puls ausschlug, fühlte ich mich jetzt, als hätte man mir einen Rucksack mit Gewichten abgenommen.

Bisher hatte ich Krafttraining gemacht, um gut auszusehen. Bizeps, Trizeps, Bankdrücken – Strandmuckis. Volker brachte mir bei, dass die Muskulatur beweglich sein musste. Es kam nicht auf Aussehen, sondern Flexibilität an. Viele der klassischen Übungen beim Gewichttraining verkürzten die Muskulatur, machten sie anfällig für Zerrungen und Risse. Er ließ mich fast ausschließlich mit meinem eigenen Körpergewicht trainieren und dabei viele Wiederholungen machen. Die Beinarbeit war nie meine Stärke gewesen, aber spielte mir mein Gegner jetzt gegen den Lauf, konnte ich schneller drehen, war wendiger als früher, kam besser aus den Ecken. Je beweglicher meine verkürzte Brustmuskulatur wurde, umso besser spürte ich meine Grundschläge. Das falsche Krafttraining hatte mir jahrelang die Kontrolle über Vorhand und Rückhand geraubt, die ich nun wiedergewann.

Und immer, wenn mein voller Tag noch ein Stündchen übrig hatte, besuchte ich Franzi, die Physiotherapeutin, in der Praxis meines Teamkollegen Christian. Wie hatte ich all die Jahre auf diesen paradiesischen Service an meinem Körper verzichten können? Kam ich zu ihr, bevor ich trainierte, flog ich danach über den Platz. Kam ich nach dem Training, fühlte ich mich nach der Behandlung, als könnte ich sofort weiterspielen. Ich benutzte seit einiger Zeit eine Blackroll, eine Faszienrolle, um meine Beine und meinen Rücken zu lockern, aber Franzi kam mit ihren Händen viel tiefer in meine Muskulatur. Sie fand die Triggerpunkte, von denen Blockaden ausgingen, und löste sie. Wenn sie die Faszien in meiner Beinmuskulatur behandelte, spürte ich hinterher keinen Schmerz mehr. Ich verstand jetzt, warum die Tennisprofis mit Physiotherapeuten zu Turnieren reisten. Warum es so wichtig war, den Körper nicht nur zu belasten, sondern ihn zu pflegen und ihm Phasen der Regeneration zu gönnen.

Franzi kam vom Tegernsee und sprach reizendes Oberbayrisch. Sie war gerade Single und erzählte mir, was alles passierte, wenn sie an den Wochenenden ausging. Welcher Typ »a Lump« war und welcher »a fesches Mannsbild«. Ich musste in den Stunden mit ihr so viel lachen, dass ich dabei oft die Schmerzen vergaß, die die Behandlungen mit sich brachten.

Am Vormittag des 14. November 2017 saß ich gut gelaunt an Gate L26 des Münchener Flughafens und wartete auf das

Boarding von Flug LH 574 nach Kapstadt. Ich war der 40. auf der *Alternate List* des ersten Turniers, aber das machte mir nichts aus. Hatte Iain nicht geschrieben, dass sie mir helfen würden?

Ich freute mich auf die Herausforderung. Betrachtete man die kommenden vier Wochen wie eine Prüfung, dann hatte ich alles getan, um sie zu bestehen. Das war ein befriedigendes Gefühl.

Schon seltsam, dachte ich, jetzt steigst du gleich in einen Flieger, fliegst Tausende von Kilometern durch die Weltgeschichte, um am Ende mit irgendeinem Typen, den du nicht kennst, Tennisbälle über ein Netz zu klopfen. Aber hey, verdammt, es machte mich glücklich. Und wenn ich bald meinen Namen auf meiner ATP-App in der Weltrangliste lesen würde, dann würde mich das noch viel glücklicher machen.

Nach der Landung in Kapstadt traf ich am Gepäckband zufällig Raven Klaasen, einen der besten Doppelspieler der Welt. Er sah, dass ich auch ein Tennisbag vom Band hob. Wir nickten uns zu. Okay, ich nickte ihm zu.

»Hey«, sagte Raven.

»Wie geht's dir, Raven?«, fragte ich.

»Gut, danke, komme gerade aus London und mache ein paar Tage Pause, zu Hause in Kapstadt«, sagte er. »Und du?«

Ich bat ihn um ein Selfie. Aber das war nur ein Vorwand.

»Raven, ich spiele jetzt drei Wochen die Future-Turniere in Stellenbosch. Weißt du, wo ich in der Zeit trainieren kann?«, fragte ich.

»Ich würde es mal bei Anthony Harris in Sea Point versuchen. Da habe ich früher auch trainiert«, sagte Raven.

»Okay, danke, darf ich ihn von dir grüßen?«

»Klar, viel Erfolg«, sagte Raven und verließ mit seiner Freundin das Terminal.

Nach unserer Ankunft ging Sina mit den zwei Hunden unserer Gastgeber an den Strand. Ich packte mein Tennisbag. Übermorgen, am Freitag, war das erste Sign-in. Ich durfte keine Zeit verlieren. Reisemüdigkeit hin oder her. Ich musste schnell zu dieser Academy, die mir Raven empfohlen hatte. Herausfinden, ob ich dort trainieren konnte, an den Tagen, an denen ich kein Match in Stellenbosch haben würde.

Ich fuhr an der Küste entlang Richtung Sea Point. Musste mich darauf konzentrieren, dass ich mich im Linksverkehr nicht vertat. Ich war wirklich müde. Ich fuhr von Llandudno nach Bakoven, wo wir morgens häufig unseren Kaffee tranken, weiter durch Camps Bay mit seinen Miami-Beach-Style-Angeber-Villen. Ich brauchte eine halbe Stunde bis Sea Point, einem jüdisch geprägten Stadtteil von Kapstadt. Aus irgendeinem Grund hatten sich in Sea Point besonders viele Emigranten angesiedelt. Hier hatte ich bei unseren Besuchen in einem netten Café Matze-Suppen und Pastrami-Sandwiches mit scharfem Senf und eingelegten, salzigen Gurken verschlungen, wenn ich verkatert war. Aber das war in einem anderen Leben gewesen.

Dann stand ich vor Anthony Harris. Dem Chef der Academy, die seinen Namen trug. Ein älterer Herr mit Teint und blonden Haaren, der mich an den Schauspieler Richard Fonda erinnerte. Harris stand auf der Terrasse über den Tennisplätzen und stützte sich mit dem rechten Arm auf eine Krücke. Er hatte gerade seine Hüfte operieren lassen müssen. Aber er war keiner, der sein Leben in Krankenhauszimmern verschwendete.

»*Call me Anthony*«, sagte er, als ich ihn mit Mr Harris ansprach. »Raven hat dir den Tipp gegeben hierherzukommen? Okay, komm rein.«

Über die Terrasse ging es in einen großen Raum, in dem ein paar Fitnessgeräte standen. Auf dem Weg zu den Umkleiden hingen viele Fotos, auf denen Anthony mit Spielern zu sehen war, die alle gewonnen hatten. Das erkannte ich an den Pokalen, die sie in ihren Händen hielten.

Anthony setzte sich an den Schreibtisch seines Büros. Ich erzählte ihm von meinem Projekt Weltrangliste. Er fragte mich nach meinen bisherigen Erfolgen. Ich erzählte vom College und vom letzten Sommer.

»Warst du denn jemals in der Rangliste?«, fragte Anthony und seufzte, als ich verneinte. Er erzählte mir, dass er eigentlich nur Profis betreute, die Chancen hätten, bei den Grand Slams zu spielen. Er war Trainer von Dudi Sela, einem kleinen Israeli, der es bis unter die besten 40 Spieler gebracht hatte. Momentan hieß Anthonys erfolgversprechendster Spieler Lloyd Harris. Er war sehr jung und stand bereits unter den ersten 200.

Okay, Anthony, Botschaft verstanden, dachte ich. Ich bin unter deinem Niveau. Aber mir ganz egal, was du denkst und was für ein toller Hecht du bist. Ich muss hier trainieren.

»Da haben wir wohl eine Menge Arbeit vor uns, was?«, sagte er. Er bot mir an, dass ich die kommenden drei Wochen Teil seines Teams werden könnte. Ich könnte mit den anderen trainieren, würde mit ihnen zu den Future-Turnieren nach Stellenbosch fahren. Dort würde ich davon profitieren, dass sich die Academy um Trainingsplätze kümmerte. Allerdings musste ich 500 Euro bezahlen, für die Coaches, die Bälle, die Platzmiete.

»Kein Problem«, sagte ich, »kann ich heute denn schon ein paar Bälle schlagen?«

»Du bist heute angekommen, oder? Das macht keinen Sinn. Schlaf dich aus und komm morgen früh wieder.«

Anthonys Team bestand aus zwei Coaches, Eitan und PJ, und rund 15 Spielern zwischen 13 und 25 Jahren. Farbige, Schwarze und Weiße. Eitan und PJ waren hart zu den Spielern auf dem Platz, aber außerhalb um keinen Spaß verlegen. PJ hatte sich auf eine Frau eingelassen, die neben ihm vor allem Dackel liebte. Es verging kein Tag, an dem in der WhatsApp-Gruppe der Academy nicht Fotos von Dackeln in seltsamen Posen verschickt und mit unzähligen Smileys bedacht wurden. Mein Lieblingsbild kam von Lance, einem Surferdude, der sich als Profi versuchte. Es zeigte einen Dackel als Würstchen in einem Hot-Dog-Brötchen, mit Ketchup bedeckt.

Anthony förderte Spieler, die aus bescheidenen Verhältnissen kamen. Sie mussten weniger bezahlen. Spieler mit einer privilegierten Herkunft zahlten mehr. Anthony war einige Jahrzehnte erfolgreich als Coach auf der Tour unterwegs gewesen und hatte genug Geld verdient. Er betrachtete seine Academy auch als Sozialprojekt. Er sammelte Geld von reichen Mitgliedern, die Stunden nahmen, und bezahlte seinen Spielern damit Turnierreisen.

Mein erster Gegner am nächsten Morgen hieß Valeria. Sie hatte kurze Haare, rot lackierte Fingernägel, war 17 Jahre alt und kam aus Simbabwe. Anthony, das sollte ich später erfahren, ließ immer Jungen mit Mädchen trainieren, das gehörte zu seiner Philosophie. Aber das wusste ich nicht. Ich dachte in dem Moment, er wollte mich testen. Ein bisschen auch demütigen. Ich hätte mich schon wahnsinnig gerne mit einem

Mann auf meinen ersten Weltranglistenpunkt vorbereitet. Arme Valeria, dachte ich, ich muss dich jetzt vom Platz schießen. Ging nicht anders, schließlich sollte Anthony kapieren, dass er mich mit den Besten trainieren lassen musste.

Es war heißer, als ich es erwartet hatte, und sehr windig. Die letzten Wochen hatte ich in Garching in der Halle trainiert. In der Halle sprangen die Bälle gleichmäßig, es gab weder Wind noch Hitze. Hier in Sea Point spürte ich den Ball überhaupt nicht auf dem Schläger. Ich traf die Grundschläge zu spät, warf den Ball vor dem Aufschlag hoch und verlor ihn im Sonnenlicht aus den Augen.

»Unterschätz die Umstellung nicht«, hatte mir Satsche mitgegeben, »du kommst aus der Halle, wirst ein paar Tage brauchen, bis du deine Beine sortiert hast.«

Valeria schlug mich 6:1.

»Vielleicht reicht es für heute, Felix«, sagte Anthony.

Die anderen Spieler hatten herübergeschaut. Gesehen, wie ich Valerias Aufschlag in die Mauer hinter ihr returnierte, einen Doppelfehler nach dem anderen machte. Gehört, wie ich geflucht hatte. Tennisspieler wollten immer mit einem Spieler trainieren, der stärker war als sie selbst. So konnten sie sich verbessern. Mit mir würde niemand freiwillig spielen wollen.

»Noch einen Satz?«, fragte ich Valeria.

»Nein, ich bin müde«, sagte sie und ging auf den Nebenplatz, um Aufschläge zu trainieren.

»Wird schon«, sagte PJ, »du spielst mit Robin.«

Robin war 15 Jahre alt und trug eine feste Zahnspange. Nach der Frau bekam ich nun das Kind als Sparringspartner zugeteilt. An seine Topspieler ließ mich Anthony nicht ran. Wahrscheinlich auch besser so. Das wäre für sie und mich eine Lose-Lose-Lose-Situation geworden. Meinem Selbstvertrauen half das alles nicht. Noch weniger half es, dass auch dieser Satz gegen den kleinen, schüchternen Robin mit 3:6 verloren ging. Ich machte so viele Fehler, dass er nicht viel mehr machen musste, als ein paar Bälle zurückzuspielen. Man sollte Trainingsergebnisse nicht überbewerten, aber wäre der Optimismus, mit dem ich aus München nach Kapstadt gereist war, ein Laib Brot gewesen, dann wären an diesem ersten Trainingstag schon einige Scheiben verloren gegangen.

Nach dem Ende der Nachmittagseinheit traf sich die Academy zu einer Fitnesseinheit. Ich fühlte mich zu schlapp. In zwei Tagen war mein erstes Match, da galt es, Energie zu sparen. Ich nahm einen Korb und machte Aufschläge. Auch das strengte mich sehr an. Ich zweifelte nicht nur an meinem Spiel, sondern an meinem Fitnesslevel. Als die anderen fertig waren, stieß ich zu ihnen. Anthony besprach die Organisation für den nächsten Tag in Stellenbosch. Das Sign-in für die Qualifikation öffnete um 16 Uhr, davor wollten wir auf der Turnieranlage trainieren. Die Academy würde die Plätze reservieren.

Am nächsten Morgen brachen Sina und ich von Llandudno Beach auf und fuhren nach Stellenbosch. Es war Freitag, der 17. November 2017, und ich fühlte mich gut, als ich die kleine, kurvige Straße durch die Hügel von Constantia fuhr, unter riesigen, gigantischen Bäumen hindurch, wie ich sie zuvor nur in Brasilien gesehen hatte. Alles würde gut werden. Sina begleitete mich und nahm Anteil an meinem Projekt. Ich hatte eine Gruppe, der ich mich anschließen konnte. Würde ich diese Woche früh verlieren, weil ich mich noch nicht an die Bedingungen gewöhnt hatte, dann blieben mir noch zwei Wochen, zwei Turniere.

Nachdem wir angekommen waren, spielte ich einen Satz mit PJ, dem Trainer. Er schlug mich 6:1, aber das konnte meiner guten Laune nichts anhaben. Bis morgen würde ich mich schon wohler fühlen.

Es war sehr windig, aber ich konnte damit gut umgehen. Die jüngeren Spieler würde es sicher aufregen und aus der Fassung bringen.

Ich lag auf einer Pritsche und ließ mich von einer Physiotherapeutin massieren. Sie hatte Hände wie ein Kerl und kannte keine Gnade.

»Autschi, autschi?«, fragte sie, wenn ich mein Gesicht verzog.

»Ja, *yes*, ummmhhh, *yeah*«, sagte ich, und sie drückte fester.

»Dein Körper ist ganz schön fest«, sagte sie, »wann spielst du?«

»Morgen.«

»Qualifikation? Wow, da musst du vorher aber noch mal kommen.«

»Eigentlich bin ich noch auf der *Alternate List*, aber Iain meinte, dass sie mir helfen würden.«

»Klar, aber du fragst besser Le Roux. Er ist der eigentliche Turnierleiter hier. Ich stelle ihn dir gleich nach der Behandlung vor, ein ganz netter Typ.«

Le Roux Conradie war glatt rasiert und hatte eine Föhnfrisur. Er sah aus wie ein Pornodarsteller, aber das tat nichts zur Sache. Wir standen in der Halle neben dem Bespanner. Ich gab ihm die Hand, lachte ihn an.

»*Nice to meet you, Le Roux*«, sagte ich, »ich bin der Typ aus Deutschland, der mit der Weltrangliste, dem Buch.«

»Klar, Felix, freut mich auch, dich kennenzulernen, habe schon von dir gehört«, sagte Le Roux.

»Wie sieht es denn aus mit der Qualifikation? Sind alle Spieler gekommen?«, fragte ich.

»Ja, wir sind ziemlich voll diese Woche, aber ich sehe, was sich machen lässt.«

»Danke, ja, ich hatte mir schon mit Iain geschrieben, der meinte, dass ihr mir helfen werdet.«

Le Roux lächelte und nickte, und dann kam schon der nächste Spieler, der etwas von ihm wollte.

Ich schrieb mich in der Liste ein und bezahlte vierzig Dollar. Iain war nicht auf der Anlage. Das Training war nicht gut gelaufen, aber ich hatte auch nicht zu viel Energie verbraucht. Mit jedem Tag würde ich mich besser akklimatisieren. Ich war bereit für mein erstes Match.

Am Abend gingen wir mit zwei Freunden aus München, Moritz und Franzi, im Black Sheep essen. Das war eines unserer Lieblingsrestaurants in Kapstadt. Es lag in der Kloof Street im Stadtteil Gardens. Durch das große Fenster schaute man auf den Tafelberg. Moritz und ich kannten uns seit fünfundzwanzig Jahren, aber er hatte mich noch nie Tennis spielen sehen. Er freute sich auf morgen. Sie wollten zum Zuschauen nach Stellenbosch fahren.

»Wann spielst denn jetzt?«, fragte er.

»Das erfahre ich gleich, wenn im Internet die Auslosung veröffentlicht wird«, sagte ich.

Moritz bestellte ein Jack-Black-Lager, ich Wasser. Ich legte mein iPhone neben meinen Teller. Schaute im Fünf-Minuten-Rhythmus auf der ITF-Website nach. Es waren wirklich viele Spieler auf der Anlage gewesen. Aber ich hatte doch Iains Zusage aus der E-Mail? Gegen wen würde ich kommen? Hoffentlich nicht gegen einen Spieler aus Anthonys Academy.

Um 21 Uhr kam die Auslosung. Ich scrollte von oben nach unten. Fand meinen Namen nicht. Scrollte von unten zurück nach oben. Neben den Spielern war die Flagge ihres Landes abgebildet. Ich suchte nach der deutschen. Vielleicht hatten sie meinen Namen falsch geschrieben. Ich wiederholte das dreimal. Ließ das Telefon neben meinen Teller fallen. Die anderen unterbrachen ihre Unterhaltung, schauten mich an.

»Ich bin nicht drin!«, sagte ich.

»Oh nein«, sagte Sina.

»Sicher?«, fragte Moritz. »Check doch noch mal, liegt sicher ein Fehler vor.«

Ich zeigte ihm die Auslosung und den Spielplan für morgen. Viele Namen. Viele bunte Flaggen. Kein Felix Hutt.

»Hey«, rief Moritz zu unserem Kellner, »noch zwei Jack Black, dringend!«

Ich stürzte das erste Bier hinunter, das zweite hinterher.

Vier Gin Tonic, zwei Cuba Libre und irgendwelche Kurze folgten.

Ich nahm den restlichen Abend wie durch einen Nebel wahr. Sina, Franzi und Moritz trösteten mich. Nächste Woche würde es sicher klappen, sagten sie, vielleicht ist es gut, dass du noch eine Woche zum Trainieren hast. Ich war in einem Loch. Dachte an den ganzen Aufwand, der umsonst gewesen war. Dachte noch mehr an Iain, der mich im Stich gelassen hatte. Ich steigerte mich in eine Rage. Das konnte ich gut. Mein Computer, die Vernunft, off. Komplett off.

Wir verabschiedeten uns von Moritz und Franzi. Fuhren zurück nach Llandudno. »Jetzt schlaf erst mal, und morgen klärst du, was schiefgelaufen ist«, sagte Sina. »Da findet sich eine Lösung. Nächste Woche kannst du sicher spielen.«

»Ja, ja«, sagte ich.

Sie ging ins Bett, und ich trank Bier auf der Couch, auf der ich vor zehn Monaten das Federer-Match gesehen hatte. Mein Kopf brummte. Ich hatte schon jetzt einen Kater. Ich war aus der Übung. Um 4:45 Uhr schrieb ich Iain und Le Roux eine E-Mail. Eine brillante Idee. Als ob sie die Auslosung deshalb ändern würden.

Ich klagte und beklagte mich, wurde aber nicht ausfällig. Ich erinnerte an die Mail vom August und kopierte sie ans Ende meiner Nachricht. Ich erklärte ihnen, wie viel Aufwand ich für das Projekt betrieb. Dass ich sehr hoffte, dass dies ein einmaliges Versehen gewesen war, ich die anderen beiden Wochen spielen durfte. Ich drohte, ohne zu drohen. Der Ton reichte. Ich las nicht mehr, was ich geschrieben hatte. Drückte auf »Senden«. Dann klappte ich das Laptop zu und döste weg.

Es fühlte sich an, als würde ein Messer mit einer heißen Klinge mein Gesicht in zwei Teile schneiden. Ich blinzelte, schreckte hoch. Die Sonne schien durch die Vorhänge direkt in mein Gesicht. In meinem Kopf tobte eine riesige Kolonie stählerner Ameisen auf Drogen. Mann, ging es mir beschissen. Ich stolperte die Treppe hoch und übergab mich ins Klo. Dann stellte ich mich unter die kalte Dusche. Putzte mir die Zähne. Mein Gehirn ging langsam an. Ping. Da war doch was. Ach ja, das Turnier. Ping. Und diese E-Mail. Nein, hast du nicht geschrieben, das hast du geträumt. Ping. Nein, nein, nein, du sollst nichts schreiben, wenn du betrunken bist. Nein, fuck, Felix, Depp, du hast es doch getan. Ameisenhaufen, hör auf, mich zu quälen. Ping. Scheiße!

In meinem Posteingang lag die Antwort von Iain und Le Roux. Sie wunderten sich schon sehr über mein Vorgehen, schrieben sie, das sei doch mehr als ungewöhnlich. Sie hätten immer gesagt, dass sie mir eventuell helfen würden, aber sie hätten mir nichts versprochen oder zugesagt. Das Interesse an ihren Turnieren sei dieses Jahr sehr hoch, sie müssten die südafrikanischen Spieler unterbringen, bevor sie einem Ausländer helfen konnten. Ich könne gerne nächsten Freitag wiederkommen, aber eine Garantie gäbe es nicht. Sie ließen sich nicht von mir unter Druck setzen, so interessant mein Projekt auch sein möge.

»Wo wollen wir frühstücken?«, fragte Sina aus dem Bett.

Sie hatte zehn Stunden geschlafen, keinen Kater, aber Hunger. Die Sonne schien, am Strand war schon was los, was hätte das für ein schöner Samstag werden können.

Nicht für mich.

Natürlich hatte Iain es mir versprochen! Ich wäre doch sonst nicht hierhergeflogen. Hätte all das Geld investiert. Drei Wochen auf Südafrika gesetzt statt auf andere Turniere. Wenn der wüsste, dass ich meinen Urlaub opferte. Idiot. Und dann diese Nachricht, so von oben herab. Ich schrieb eine Antwort auf ihre Antwort. Zitierte Iains E-Mail von Ende August. Wort für Wort.

Schrieb Eitzi eine Nachricht, 18. November 2017, 12:26 Uhr: »Turnierleitung mag mich nicht. Keine Wildcard, sehr bitter. Total down. Realisiere, dass das Spielen oft Bittstellen und Taktieren im Vorfeld sein wird.«

Eitzi antwortete, 14:36 Uhr: »Mist! Tut mir leid. Dann eben ATP-Punkt bei den Muselmanen!«

Mittlerweile war auch die Antwort auf meine Antwort von Iain eingetroffen. »Du kannst mich zitieren, wie du willst, Felix, aber wir sind dir zu nichts verpflichtet«, antwortete er. Ich konnte es nicht fassen. Hatte ich es denn immer noch nicht gelernt? Druck erzeugte Gegendruck. Mit Verbindlichkeit hätte ich Iain vielleicht auf meine Seite holen können. So hatte ich Fronten geschaffen, die mit jedem Hin-und-her-Schreiben verhärteter wurden. Er habe nicht gewusst, dass ich so alt sei, schrieb Iain noch, er werde keine Wildcard an einen Spieler verteilen, der über 30 Jahre alt sei.

Wie bitte? Er versagte mir eine Wildcard wegen meines Alters? War das nicht diskriminierend? Ein Fall für einen Menschenrechtsbeauftragten? Ich schickte Satsche eine Sprachnachricht. Der schaffte es, sogar in dieser Botschaft des dummen Iain etwas Positives zu sehen.

»Immerhin eine klare Ansage«, antwortete er. »Ich mag das, dann weiß man, woran man ist. Kein Wischiwaschi. Du fährst am Freitag hin und musst es eben so schaffen, reinzukommen. Und grundsätzlich ist es schon nachvollziehbar, wenn Wildcards an junge, einheimische Spieler gehen. Kopf hoch, das wird schon.«

»*Iain is a dick*«, sagte Anthony von der Academy, schaute mich an, zog seine Mundwinkel nach unten, schüttelte langsam den Kopf. »Da kannst du nichts machen.«

Es war Montagmorgen, bewölkt, und außer Anthony, mir und einer Frau, die hinter dem Tresen Kaffee und Wasser verkaufte, war niemand auf der Anlage in Sea Point. Alle waren beim Turnier in Stellenbosch. Ich hatte das Wochenende nicht in Stellenbosch verbracht, sondern war mit Sina zur Old Biscuit Mill im Stadtteil Woodstock gefahren. Auf dem Gelände dieser ehemaligen Mühle fand jeden Samstag ein großer Outdoor-Markt statt, auf dem man vom Tongeschirr bis zu handgefertigtem Lederschmuck alles kaufen konnte. Ein DJ legte Elektromusik auf, Sina suchte nach Mitbringseln, und ich versuchte erfolglos, meinen Frust an einem Bierstand zu ertränken. Diese vier Wochen waren so kostbar. Sie waren mir so wichtig. Und jetzt hatte ich schon eine Woche verloren. Stand hier, spürte den Sonnenbrand, der sich langsam auf mein Gesicht legte, und trank Bier, während in Stellenbosch die Qualifikation lief. Vor dem DJ lagen Teppiche, und auf den Teppichen tanzte eine Gruppe junger Italiener oder Spanier, sie hatten *a hell of a time* und ich hatte nur *hell.*

Sina hatte recht gehabt. Mir gelang es nicht, Tennis und Urlaub voneinander zu trennen. Lief es im Tennis schlecht, beeinflusste das mein Leben, und momentan lief rein gar nichts. Die Stimmung zwischen der Turnierleitung und mir war so angespannt, dass sie lieber einem Strauß eine Wildcard gegeben hätten als diesem Angry Hutt aus Germany.

Eitzi und Satsche hatten versucht, mich mit Nachrichten zu beruhigen. Satsche hatte mir erklärt, dass man sich mit der Turnierleitung immer gut stellen müsse, egal wie wenig man ihre Entscheidungen manchmal nachvollziehen konnte. Sie hätte nun einmal wahnsinnig viel zu entscheiden. Auch Eitzi hatte mir zu Gelassenheit geraten. Weniger wilder Huttinger, mehr Übersicht. Souveränität.

An diesem Montagmorgen war ich früh aufgestanden, weil Anthony mir geschrieben hatte, dass er bereits um kurz vor neun Uhr auf der Anlage sei. Er erzählte mir, dass er in der Vergangenheit immer wieder Probleme mit Iain gehabt hatte, weil er sich nicht so verhalten hatte, wie der Verband es wünschte. Anthony trainierte einige der besten südafrikanischen Spieler. Er arbeitete, ohne den Verband miteinzubeziehen. Wahrscheinlich habe es mir geschadet, dass sie gesehen hätten, dass ich mit seiner Academy in Stellenbosch trainiert hatte, sagte er, aber er wolle jetzt keine Zeit mehr mit Iain verschwenden.

»Komm, wir gehen auf den Platz«, sagte Anthony, nahm seine Krücke und stieg die Treppen hinunter auf Court 3. Er schob einen Wagen mit Bällen ans Netz, legte seine Krücke auf die Bank und begann mir Bälle zuzuspielen. Vorhand, Rückhand, Vorhand, Rückhand, links, rechts. Als der Wagen leer war, sammelte ich die Bälle ein, und es ging von vorne los.

Nach einer Viertelstunde bat mich Anthony zu sich ans Netz.

»Wie schlägst du deine Rückhand?«, fragte er, und als ich ihn etwas ratlos anschaute, wiederholte er: »Wie schlägst du deine Rückhand? Was ist dein Plan dabei?«

Ich zeigte ihm meine beidhändige Rückhand, erklärte, wie ich mit der rechten Hand den Schläger führte, während die linke am Griff den Schlag stabilisieren sollte. Ich demonstrierte meine Ausholbewegung, meinen Treffpunkt, meine Beinstellung und meinen Ausschwung.

»Ich habe nicht wirklich einen Plan bei der Rückhand, Anthony. Ich hoffe, dass sie mich nicht im Stich lässt. Punkte mache ich mit der Rückhand nicht«, sagte ich.

Anthony hörte zu. Dann kam er auf meine Seite des Netzes.

»Wir müssen sie ändern«, sagte er.

Ändern? Jetzt? Wo die wichtigsten Renniswochen meines Lebens anstanden? Ich war 38 Jahre alt, spielte seit 32 Jahren Tennis. Da veränderte man nicht eben so die Technik. Wie stellte Anthony sich das bloß vor?

»Die linke Hand führt, die rechte stabilisiert«, sagte Anthony.

Er warf mir ein paar Bälle auf meine Rückhand, forderte mich auf, mit beiden Händen auszuholen, im Treffpunkt die rechte Hand vom Schläger zu nehmen, und nur mit der linken zu schlagen. Die ersten Bälle traf ich nicht, dann wurde es besser. Ich spielte die Rückhand nur mit dem linken Arm.

»So, und jetzt das Gleiche mit beiden Händen«, sagte Anthony nach einigen Minuten.

Es fühlte sich ungewohnt an, aber ich spürte, dass ich die Bälle gut beschleunigen und kontrollieren konnte. Die nächste Stunde schlug ich nur Rückhände. Anthony fütterte mich mit Bällen. Es wurde immer besser. Ich fühlte den Ball auf dem Schläger. Mir öffnete sich ein neues Universum. Vielleicht könnte meine Rückhand bald eine Stärke, keine Belastung mehr sein?

Ich hatte mir über meine Technik schon seit Langem keine Gedanken gemacht. Nicht, weil ich dachte, dass sie so herausragend war, sondern weil ich mich damit abgefunden hatte, dass meine Rückhand meine Schwäche, Aufschlag und Vorhand meine Stärken waren. Beim Schreiben versuchte ich jeden Tag neue Einflüsse einzubauen, mich weiterzuentwickeln, aber meine Tennistechnik stagnierte. Warum eigentlich? Es war immer nur um neue Schläger, Saiten, mein Gewicht und die Taktik gegangen, aber nie um das Wichtigste, den Motor des Tennisspielers, sein Fundament, die Technik.

Nach der Rückhand korrigierte Anthony meine Aufschlagbewegung. Mein Aufschlag sah eher unorthodox aus. Ich machte mit meinem rechten Bein einen weiten Ausfallschritt nach hinten, verlagerte dabei den Schwerpunkt meines Körpers nach unten, und streckte mich dann nach dem Ballwurf nach oben, wobei das rechte Bein zur Grundlinie schleifte, bevor es mit dem linken Bein ins Feld sprang.

»Dein Aufschlag ist gut«, sagte Anthony, »aber er ist uneffektiv, verbraucht viel zu viel Energie. Außerdem hat dein zweiter Aufschlag keinen Spin, keinen Kick.« Er bat mich, den Ausfallschritt wegzulassen, mich einfach an die Grundlinie zu stellen. Auf das Zusammenknicken sollte ich verzichten.

»Steh locker, entspannt, das darf dich keine Kraft kosten«, sagte Anthony.

Ich sollte langsam Energie aufbauen. Ausholen, in die Knie gehen und erst wenn ich mich zum Treffpunkt streckte, sollte ich explodieren.

Meine Aufschläge schlugen auf der anderen Seite ein. Ich spürte sofort, dass ich so viel besser zurechtkommen würde.

Ich machte eine Serie von Aufschlägen, und Anthony kommentierte jeden. Er arbeitete sehr präzise. Dann nahm er sich meines zweiten Aufschlags an. Der war bisher ein erster mit verringerter Geschwindigkeit gewesen. Anthony drehte den Schlägergriff in meiner Hand nach rechts. Ich schlug nun mit einem extremen Rückhandgriff auf. Der Effekt war enorm. Die Bälle sprangen hoch ab, und wenn ich auf der Vorteilseite servierte, rotierte der Ball weit nach außen.

Ich hatte mich anfangs gegen Anthonys Eingreifen in das Elementarste meines Spiels gesträubt. Im Laufe unseres Trainings kapierte ich, was für ein Geschenk es war, diesen Profitrainer an diesem Vormittag für mich allein zu haben. Ich konnte nicht am Turnier teilnehmen, aber was Anthony mir beibrachte, würde mich in Zukunft weiterbringen. Das sagte ich ihm nach dem Training auch.

»Vielleicht war es ganz gut, dass ich das erste Turnier verpasst habe und heute mit dir mein Spiel überarbeiten konnte«, sagte ich.

Unter Freunden: Mit Fitzi (oben li.), Ehefrau Sina, meinem Mentor Satsche (in Wimbledon) und dem zuvorkommenden Pagen vom Best Western Hotel Islamabad

Sardinien: Dank seniorengerechter Gymnastik und Lachs vom Markt zum ersten Sieg über den jungen Andrea Artieri (unten li.)

Südafrika: Autschi, autschi auf der Physiobank, ansonsten alles easy am Llandudno Beach bei Kapstadt

Pakistan I: Vorbereitung im Hotel (oben li.), Fahrservice, Taschenkontrolle, Aufpassersoldat, Center Court

Pakistan II: Gewinnen fühlt sich nirgendwo so gut an wie auf Court 3 in Islamabad.

Israel: »One ATP-Point« wünschte ich mir auf dem Zettel für die Klagemauer. Ich habe mich sehr bemüht, Gott war mein Zeuge.

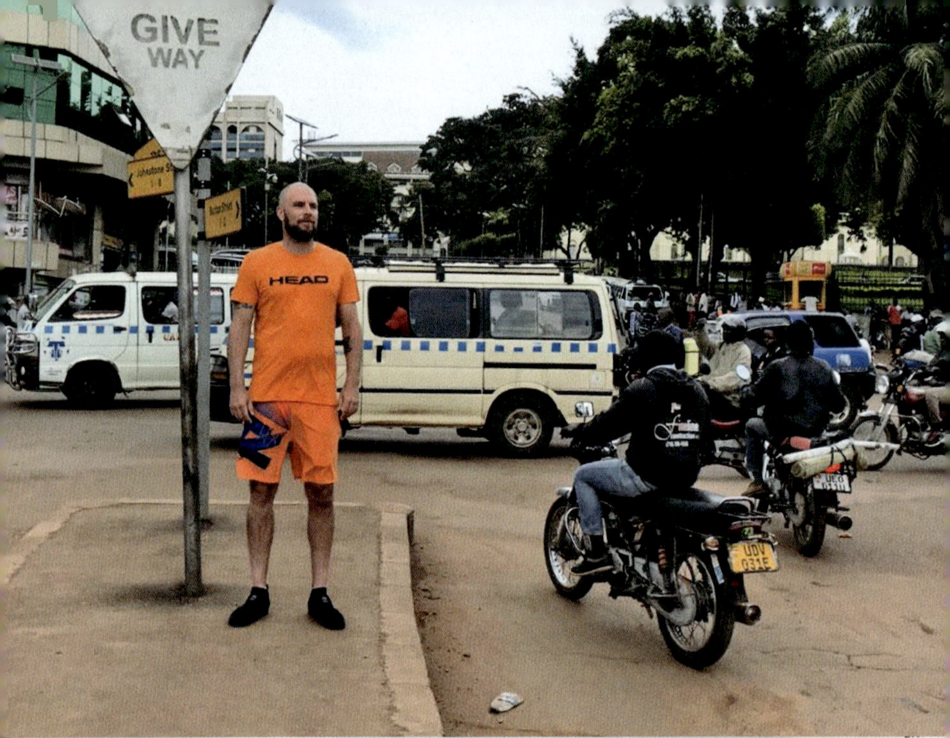

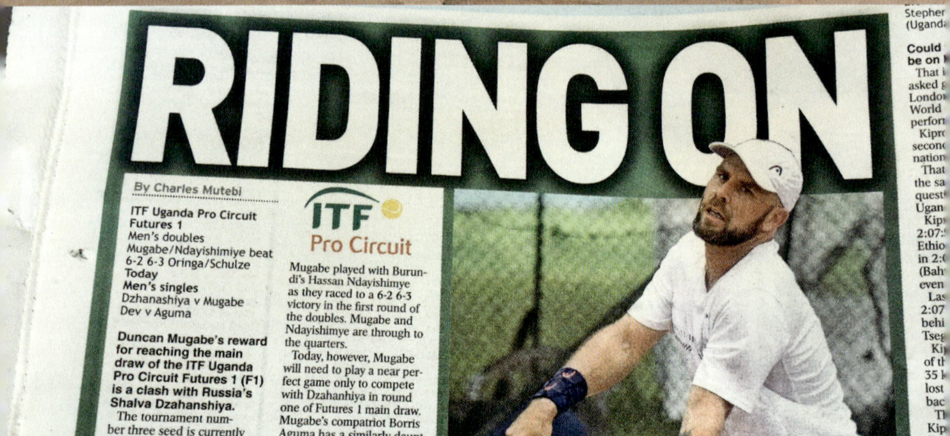

RIDING ON

By Charles Mutebi

ITF Uganda Pro Circuit Futures 1
Men's doubles
Mugabe/Ndayishimiye beat 6-2 6-3 Oringa/Schulze
Today
Men's singles
Dzhanashiya v Mugabe
Dev v Aguma

Duncan Mugabe's reward for reaching the main draw of the ITF Uganda Pro Circuit Futures 1 (F1) is a clash with Russia's Shalva Dzahanshiya.

The tournament number three seed is currently ranked 632 in the world and will be a major favourite to progress past the unranked Mugabe, who is Uganda's number one and has been playing some good stuff en route to today's encounter on centre court.

Mugabe has played thrice and won all, including Monday evening's doubles win over compatriot and Uganda number two seed David Oringa, who paired with USA's Demark Schulze.

ITF Pro Circuit

Mugabe played with Burundi's Hassan Ndayishimye as they raced to a 6-2 6-3 victory in the first round of the doubles. Mugabe and Ndayishimye are through to the quarters.

Today, however, Mugabe will need to play a near perfect game only to compete with Dzhanhiya in round one of Futures 1 main draw. Mugabe's compatriot Borris Aguma has a similarly daunting task ahead of him in the form of tournament number 13 seed Prajwal Dev, whom he takes on in the first round of F1 main draw.

Dev, who hails from India is currently ranked 1366 in the world, while Aguma is naturally unranked.

The two affairs were originally scheduled to take place yesterday but had to be postponed due to the downpour that rendered the courts unplayable.

Germany's Felix Hutt plays Uganda's Paul Ssekandi. Photo by Richard Sanya

Printed and published by The New Vision Printing and Publishing Co. Ltd. PO Box 9815, Kampala ...

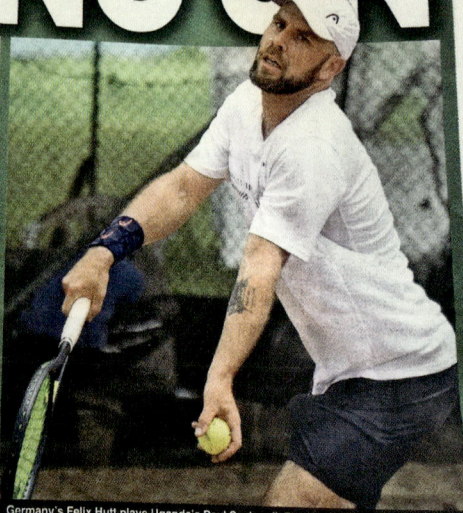

Uganda: Wer es zum Zeitungsaufmacher schafft,
der darf auch mal im Feierabendverkehr von Kampala posen.

Anthony lächelte.

»Nichts passiert ohne Grund, Felix«, sagte er.

Am Nachmittag spielte ich einen Satz gegen PJ, einen der beiden Trainer, der einmal ein sehr guter Profi gewesen war. Er verlor immer noch gegen keinen der Spieler der Academy. Ich gewann den ersten, verlor knapp im dritten Satz. Anthony schaute von der Terrasse zu, auf seine Krücke gestützt, nickte, wenn ihm etwas gefiel, und rief mir Tipps zu, wenn ihm etwas nicht gefiel, vor allem bei meinem neuen Aufschlag und meiner Rückhand. Ich fühlte mich privilegiert, umsorgt. Er hatte mir die Tür zu einem neuen Tennisspieler Felix Hutt aufgestoßen.

Die restliche Woche trainierte ich vor- und nachmittags. Ich wurde immer besser. Verstand, warum ich bei der Anreise so optimistisch gewesen war. Ich hatte in den letzten Monaten ein Fundament gelegt, von dem ich nun profitierte. Die Spieler, die in Stellenbosch verloren hatten, kamen zurück und trainierten mit. Ich verlor keinen Satz mehr.

Sina musste die meiste Zeit ohne mich verbringen. Unser Verhältnis war angespannt, weil ich nicht in Urlaubsstimmung war. Ich konnte nicht loslassen. Ich fühlte, dass sie das von mir erwartete, zumindest manchmal. Aber ich dachte nur an Tennis. An das zweite Turnier. An den Freitag, das Sign-in. Beim ersten Turnier war es ein Schock gewesen, nicht mitspielen zu können. Aber da war ich noch nicht so weit. Jetzt hatte ich mich auf die Bedingungen, die Hitze, den Wind, gut eingestellt. Ich war dank Anthony mit neuen Schlägen ausgestattet. Konnte es kaum erwarten, meinen Kickaufschlag im Match zu zeigen. Aufgrund der Trainingsergebnisse war klar, dass meine Leistung stimmte. Ich schlug

Spieler, die in der Qualifikation meine Gegner sein konnten. Würden sie mir wieder eine Teilnahme verweigern, wäre ich nicht geschockt. Nur noch enttäuscht.

Vor dem Sign-in am Freitagnachmittag ging ich zu Le Roux in sein Büro. Ich entschuldigte mich für meine E-Mails.

»Ich war sehr enttäuscht, Le Roux«, sagte ich. »Das musst du verstehen. Ich komme extra aus Deutschland angereist, nehme mir drei Wochen Urlaub, und dann spiele ich nicht.«

Le Roux hörte mir zu. Er nickte nicht. »Felix, Entschuldigung angenommen, aber wir können dir nichts versprechen. *Good luck.*«

Ich sah, dass wieder viele Spieler auf der Anlage waren, die sich einschrieben. Die meisten waren schon letzte Woche dabei gewesen. Niemand kam nach Südafrika für eine Woche. Ich konnte nicht davon ausgehen, dass sich die Zahl der Anwärter verringert hatte. Ich konnte auch nicht erwarten, dass mir die Turnierleitung mit einer Wildcard helfen würde.

An diesem Abend aßen wir im Shortmarket Club, unserem Lieblingsrestaurant in Kapstadt. Sina hatte bereits vor Wochen reserviert. Ich bestellte Austern und ein Tomahawk-Steak. Und Wasser. Schaute wieder die ganze Zeit auf mein iPhone. Sina sagte nichts. Ich war wieder nicht da. Und ich war wieder draußen. Kein Felix Hutt in der Qualifikation. Mir schossen kurz die Tränen in die Augen. Ich bestellte ein Glas Rotwein vom Weingut Sabotage, das ich verehrte. Ich stürzte es unehrenwert hinunter.

»*One more, please*«, sagte ich.

Sina hatte sich gewünscht, dass ich zum Spielen kommen würde, weil ich mich dann vielleicht entspannt hätte. Sie wünschte uns, dass das Thema Tennis zu einem guten Ende kam, weil wir dann auch noch ein bisschen Urlaub machen konnten.

Ich war traurig. Nicht mehr wütend. Nur noch traurig. Die zweite von vier Turnierwochen zur Untätigkeit verdammt. Sie hatten Wildcards an jeden Spieler gegeben, der ein Racket halten konnte, es war ein 14-Jähriger dabei. Ich hatte befürchtet, dass es so kommen würde, aber das *Draw* ohne meinen Namen zu sehen tat mir weh. Ich trank Gin Tonic zum Nachtisch. Wie viele weiß ich nicht mehr.

In der Nacht schrieb ich eine E-Mail an die Turnierleitung in Pakistan. Da wollte ich in der vierten Woche spielen. Ich war zwar jetzt schon hoch auf der *Alternate List*, nah an einem sicheren Platz in der Qualifikation, aber ich wollte absolute Sicherheit. Wenn sie mir in Südafrika den Versuch verwehrten, in die Weltrangliste zu kommen, dann wollte ich in Pakistan spielen, unbedingt. Ich würde weitere Demütigungen nicht ertragen. Mein Konto auch nicht. So viel Kosten für so wenig Tennis. Die Turnierleitung antwortete aus Islamabad, dass sie die Wildcards an Einheimische vergeben, sie sich aber auf mich freuen würden.

Wir flogen für eine Nacht nach Johannesburg. Sina hatte ein großes Loft in einem Künstlerviertel gefunden. Überall hippe Läden. Bunte Mode. Stand mir nicht. Gefiel mir nicht. Ich hatte schlechte Laune. Wir fuhren nach Soweto. Gefiel mir auch nicht. Kommerzialisierung von einem Ghetto, mit Touristenbussen im Slum, das fand ich unlustig. Am Flughafen warteten wir fünf Stunden. Auf dem Rückflug dachte ich an einen meiner Lieblingsfilme. Er hieß *Die Verurteilten*. Tim Robbins und Morgan Freeman spielten zwei Häftlinge, die auf unterschiedlichen Wegen aus dem Gefängnis kamen. Robbins brach aus. Freeman wurde über Jahrzehnte von einer Kommission angehört, der er immer wieder erzählte, dass er geläutert sei, sich verändert habe. Sein Antrag auf vorzeitige Entlassung wurde dennoch jedes Mal abgelehnt. Eines Tages trat er vor die Kommission und sagte, dass es ihm egal sei, was sie entschieden, er sich nichts mehr von ihnen erhoffe. Als er losließ, nichts mehr erwartete, bekam er schließlich, was er wollte. Er wurde entlassen.

Vielleicht musste ich es ähnlich angehen. Keine Erwartung an Iain und Le Roux mehr. Mit dieser Einstellung fuhr ich am dritten Freitagnachmittag zum Sign-in nach Stellenbosch. Wenn man im Leben etwas besonders wollte, bekam man es nicht. War es einem egal, standen die Chancen besser. Ach was, alles Eso-Bullshit, ich war einfach nur verzweifelt. Würden Iain und Le Roux mir wieder keine Chance geben und würden wieder so viele Spieler antreten wollen, dann wäre aus meinem Plan, hier in Südafrika, wo meine Idee entstanden war, in die Weltrangliste zu kommen, ganz und gar nichts geworden. Ich war nicht gescheitert, ich war nicht einmal so weit gekommen, dass ich hätte scheitern können.

Morgan Freeman und ich hatten wenig Gemeinsamkeiten. Jetzt hatten wir noch eine weniger. Das, was seiner Figur im Film widerfahren war, widerfuhr mir nicht. Ich war draußen. *Out of Future III*. Und bald: *Out of Africa*. Ich hatte die Schnauze voll.

Drei Turniere, null Matches.

Am Samstagabend feierten unsere Gastgeber ein Fest. Penny hatte Geburtstag. Ich mischte Margaritas in der Küche. Ihr Mann Andrew unterhielt sich mit mir. Er liebte Literatur, die sich mit Sport befasste. David Foster Wallace' *Unendlicher Spaß* oder Chad Harbachs *Die Kunst des Feldspiels*.

Ich erzählte Andrew, dass ich darüber nachdachte, mein

Projekt abzubrechen. Das Buch nicht zu schreiben. Es war einfach zu wenig gewesen hier, sagte ich ihm, so viel Aufwand für so wenig Ertrag.

»Aber das ist doch das Beste, was dir passieren konnte«, sagte Andrew, »was für eine Dramaturgie. Der Held scheitert. Liegt am Boden. Steht wieder auf. So funktioniert jede gute Geschichte.«

»Meinst du?«, sagte ich. Eitzi hatte mir auch geschrieben, dass meine Erfahrung in Südafrika am Ende gut sein könnte.

»Klar«, sagte Andrew. Er war Rugbyspieler, redete nicht viel. »Und jetzt mach mir noch eine von diesen Margaritas. Eine starke, die sind gut.«

Am nächsten Tag verließen wir Südafrika. Ich hatte eine neue Rückhand, einen verbesserten Aufschlag, aber keinen ATP-Punkt. Es dauerte nicht lange, bis ich verstand, wozu das alles gut gewesen war.

7. Im Paradies

Pakistan, Dezember 2017

Ich schloss den Briefkasten auf. Mir fiel die Post entgegen. Ich hob sie hastig auf. Sortierte sie. Es war völlig egal, was die Stadtwerke wollten und welche Strafzettel ich zu zahlen hatte – ich wartete auf einen einzigen Brief. Vom pakistanischen Konsulat aus Frankfurt. Mein Visum. Seit vier Wochen wartete ich schon. Jetzt blieben mir noch genau zwei Tage, die ich zwischen Südafrika und Pakistan in München verbringen würde.

Während wir in Südafrika waren, hatte ich Eitzi gebeten, beim Konsulat anzurufen, aber er hatte keine guten Nachrichten aus Frankfurt für mich. Gar keine Nachrichten, um genau zu sein. Er scheiterte schon beim Versuch, jemanden ans Telefon zu bekommen, der wusste, in welcher Phase der Visaausstellung sich mein Pass befand, ja, ob er überhaupt in Frankfurt angekommen war. Länder, in die wenige Touristen reisen wollten, schufen oft die höchsten bürokratischen Hürden, was ihre Einreisegenehmigungen anging. Ob das eine mit dem anderen zusammenhing, die wenigen Touristen mit den erschwerten Bedingungen, wusste ich nicht. Vor ein paar Jahren wollte ich einmal für eine Reportage nach Indien fliegen. Das war ein Akt. Und eine andere Geschichte.

Eigentlich war die Pakistanreise der Tennistrip gewesen, auf den ich mich am wenigsten gefreut hatte. In der Vorweihnachtszeit in ein Land zu fliegen, das meist nur dann in den Nachrichten auftauchte, wenn bei einem Terroranschlag Menschen getötet worden waren, während meine Freunde sich mit Glühwein betranken und Netflix-Serien schauend auf ihren Sofas kuschelten, war mir vor meinem Südafrika-Debakel wie eine ziemlich dämliche Idee vorgekommen. Damit hatte ich nur mal wieder beweisen wollen, wie krass der Hutt sein konnte.

Hätte das mit der Weltrangliste in Stellenbosch geklappt, hätte ich mich auch an den Glühweinstand gestellt und Pakistan Pakistan sein lassen. Begann nicht auch bald die zweite Staffel *Narcos*? Aber jetzt brauchte ich Pakistan. Ob in Islamabad, Bagdad, Grönland oder auf dem Mars – ich wollte endlich Turniermatches spielen.

Mein Name stand mittlerweile als Fünfter auf der *Alternate List*. Bedeutete, ich war so gut wie drin in der Qualifikation. Diesmal würde ich antreten dürfen. Aber schon übermorgen sollte ich fliegen. Ohne Visum keine Einreise. Ohne Einreise kein Abflug. Ohne Abflug kein ATP-Punkt. Da, unter dem Magazin *11 Freunde* ein dicker Umschlag. Mit arabischen Schriftzeichen. Eigentlich nannte man sie Urdu, das war die Sprache Pakistans, aber in der Hektik hatte ich noch keinen Kopf für kulturelle Vorbildung. Ich hatte einen Reiseführer über Pakistan gekauft, den würde ich im Flieger lesen, das musste erst mal reichen. Ich war im Tennistunnel. Der Umschlag sah nach etwas Offiziellem aus. Ich riss ihn auf. Ja, jaaaaa. Mein Pass. Ganz hinten klebte das Visum.

»*Islamic Republic of Pakistan, Single Entry, 30 Days.*«

Am Abend schauten der Eitzi und ich Bayern München

gegen Paris St. Germain und stießen mit zwei, drei Augustiner auf das Visum an.

»Musst aufpassen mit den Babes in Pakistan«, sagte der Eitzi.

»Keine Zeit für Babes, weil bin a) verheiratet und b) Tennisprofi«, sagte ich.

»Mein ja nur, nicht dass du Ärger kriegst. Immer schön fokussiert bleiben jetzt.«

»Eh klar.«

»Bayern gewinnt dieses Jahr wieder nicht die Champions League. Diese Nullen.« Eitzi war Fan vom 1. FC Köln.

»Und was machen wir, wenn ich in Pakistan den Punkt hole?«, fragte ich.

»Eins nach dem anderen, Huttinger, jetzt schau erst mal, dass du reinkommst.«

»Bin so gut wie drin. Noch mal Südafrika wird es nicht geben.«

»Hoffen wir's. Machst mir noch ein Helles auf?«

»Klar.«

»Auf Kuba krieg ich sicher keins. Da trinke ich Rum und paff mir die eine oder andere Zigarre.«

»Hoffentlich hast Netz, ich brauch deinen Spirit in Islamabad. Den Satsche fürs Tennis, dich für die Seele.«

»Logn. Aber ich muss jetzt mal raus aus der Kältehölle hier.«

Eitzi flog mit seiner Freundin Lam nach Kuba. Eine gute Entscheidung. Das Dezemberwetter in München nervte. Schneeregen. Betonhimmel ohne Lichtdurchlass. Nirgendwohin ohne Woolrich-Jacke. Ich war froh, dass ich das nicht lange ertragen musste. Die Wettervorhersage für Islamabad: sonnig, 25 Grad. Ich steckte meine Tennisklamotten in die

Waschmaschine und ließ beim Hoser meine Schläger neu bespannen.

Der Hoser hieß eigentlich Marcus, aber alle nannten ihn nur bei seinem Nachnamen. Er war der beste Bespanner der Welt. Zumindest dachte er das. Er war wirklich gut. Bespannte für viele Profis.

»Nach Pakistan? Oje«, sagte der Hoser, als ich bei ihm im Shop stand, »da mache ich dir lieber alle Schläger frisch, weil dort darfst sie nicht besaiten lassen.«

»Passt, danke«, sagte ich.

»Und komm mir heil zurück, mit Punkt oder ohne.«

»Bist Veganer jetzt?«, fragte ich, weil der Hoser richtig viel abgenommen hatte.

»Ja, genau, haha«, sagte er. »Nee, ich habe 'ne neue Freundin, das macht fit.«

Am Tag meiner Abreise, es war Nikolaus und ein grauer, saukalter Mittwoch, spielte ich mittags mit Oliver Jöhl, dem Oldie aus meiner Herren-30-Mannschaft, in einer Sandplatzhalle. Sand war der Bodenbelag, der im *Fact Sheet* der ITF für Pakistan angegeben wurde. Ich verlor mit 6:2. Bewegte mich wie ein Lahmarsch. Wusste nicht, wie ich rutschen sollte, nach dem ganzen Hardcourt-Training in Südafrika. Auf Hardcourt rutschten nur Verrückte wie Novak Djokovic, mit ihren Gummimuskeln und Bändern, die niemals rissen. Ich nicht. Normalerweise dauerte es, bis ich mich nach der Hallensaison im Frühjahr auf Sand eingestellt hatte. Nun blieben mir wenige Tage. Wenn nichts mehr dazwischenkam, dann stand am Samstag mein Erstrunden-Match an.

In Islamabad fanden vier Futures hintereinander statt. Ich wollte am zweiten teilnehmen. Pakistan F2, dotiert mit

15 000 Dollar. Je näher der Abflug rückte, desto mehr Bammel bekam ich. Ich hatte so viele Fragen: Wie war die Sicherheitslage? War es wirklich smart, allein in so ein Land zu reisen? Sollte ich vielleicht prophylaktisch das Auswärtige Amt in Kenntnis setzen? Bekam man den Terrorismus im Alltag mit? Wie wurden wir Spieler geschützt? Was war dran an den Nachrichten, die man aus Pakistan hörte? Und wie war das Essen? Wie wurden die Spieler vom Hotel zur Anlage gefahren? In gepanzerten Wagen? Was war das für ein Sandplatz? Was passierte, wenn ich der falschen Frau in die Augen sah? Was war mit einem Frustbier, wenn ich wieder nicht mitspielen durfte? Was mit einem Siegerbier, wenn ich es endlich in die Weltrangliste geschafft haben würde? Musste ich dann in den Knast? Was war Klischee, was Realität, was einfach nur Bullshit?

Wäre dies eine Recherchereise gewesen, hätte ich einen *Stringer* vor Ort gefragt. Einen Einheimischen, der mich mit Informationen versorgte, Termine und Fahrten organisierte. Aber den hatte ich nicht. Ich brauchte trotzdem Informationen. Ich wollte mich auf die Bedingungen mental vorbereiten, Eventualitäten schon einmal visualisieren. Das machte ich immer, wenn ein wichtiges Ereignis anstand. Ich malte mir aus, was alles passieren konnte, spielte die Szenarien im Kopf durch, und glaubte, so auf Überraschungen vorbereitet zu sein. Das funktionierte häufig nicht, denn es lag am Wesen der Überraschung, dass man sich nicht auf sie vorbereiten konnte. Eine Parallele zwischen dem Leben und dem Tennissport: Auf dem Platz gewann der, der auf das Unerwartete am besten reagierte.

Satsche schickte mir eine Sprachnachricht. Er war mit seiner Frau und seinen beiden kleinen Söhnen im Urlaub in

Österreich. Gerade wartete er auf sie am Schlittenhang. Für ihn stand ein Einschnitt an. Er ließ seine Karriere als Doppelprofi zum Jahresende ausklingen und begann als Trainer zu arbeiten. Satsche coachte jetzt Peter Gojowczyk, einen Bekannten von mir, mit dem ich gespielt hatte, als er ein Jugendlicher gewesen war. Peter stand vor dem Durchbruch in die Top 100. Mit Daniel Brands übernahm Satsche zudem einen Spieler, der bereits einmal zu den besten 100 Spielern gehört hatte. Daniel war lange verletzt gewesen. Satsche half ihm bei seinem Comeback. Als wäre es noch nicht anstrengend genug gewesen, die Trainings- und Turnierplanung zweier Profis zu koordinieren, betreute er auch noch den Hutt, dieses vielversprechende Talent. Der es nicht einmal auf die Reihe bekommen hatte, nach monatelangem Training wenigstens an einem von drei Turnieren in Südafrika teilzunehmen. Ich hätte dem was erzählt, beziehungsweise ihn schön ignoriert, wenn der mich im Winterurlaub gestört hätte. Aber Satsche war nicht ich. Er war immer für mich da.

»*Hola*, Feliciano«, sagte er, »wenn du erst Donnerstagabend in Islamabad ankommst, dann musst du zusehen, dass du deinen Körper auf die Reihe bekommst. Lass dich massieren, trainiere am Freitag zweimal locker. Und im ersten Match nicht gleich volle Post, schau dir das ein paar Minuten an. Wenn du merkst, dass dein Gegner viele Fehler macht, dann bleib konstant. Dann brauchst nicht zu viel riskieren. Aber beim Aufschlag nicht zurückstecken. Vollgas! Viel Erfolg, meld dich!«

Satsche hatte sich die Liste der Qualifikanten angesehen. Die Qualifikation wurde in einem kleinen 32er-Feld ausgetragen. Mit einem Sieg war man unter den letzten 16 Spielern, im Quali-Finale, zweimal gewinnen bedeutete Hauptfeld. Satsche wusste, dass das Turnier eine große Chance war. Wenn sein Feliciano eine günstige Auslosung erwischte, dann war alles möglich. Die meisten Spieler auf der Meldeliste der Qualifikation kamen aus Pakistan oder Indien. Wundertüten, schwer einzuschätzen. Gegen Exoten war es Unsinn, von Anfang an viel zu riskieren. Nur, und das sagte ich Satsche nicht, fragte ich mich schon: Konstantes, abwartendes Spiel, wie ging das überhaupt? Das hatte ich noch nie beherrscht. Überlegt spielen, abwarten, das war nicht der Hutt.

Das erste Turnier in Islamabad lief bereits. Im Hauptfeld entdeckte ich einen bekannten Namen: Julian Onken. Ein Spieler aus Hamburg, den ich vor über zehn Jahren bei einem deutschen Preisgeldturnier kennengelernt hatte. Er musste so Ende 20 sein. Wahnsinnig bescheiden, nett, super Beinarbeit, das war mir in Erinnerung geblieben. Julian stand um Platz 700 in der Weltrangliste. Ein Profi, ein Gesetzter im Hauptfeld, der sich bei den schwach besetzten Turnieren in Pakistan mit Punkten eindeckte. Ich schrieb Julian bei Facebook. Erklärte ihm mein Projekt. Fragte ihn nach seiner Handynumer. Hoffte, dass er sich auch an mich erinnern würde. Mich nicht für einen Freak hielt. Einen Stalker.

Er schickte mir wenige Minuten später seine Telefonnummer. Wir schrieben uns WhatsApp-Nachrichten. Julian hatte der Himmel geschickt. Er war nicht nur höflich und zuvorkommend, sondern auch äußerst hilfreich. Er wohnte mit einem Österreicher namens Peter Goldsteiner im Best-Western-Hotel in Islamabad, in dem auch ich ein Zimmer reserviert hatte. Sie hatten sich bei einem Future-Turnier in Marokko kennengelernt, spielten Doppel miteinander und teilten sich aus Kostengründen ein Zimmer. Julian beschrieb mir das Hotel, das Essen, den Weg zu den Plätzen und die

Anlage. Die Menschen seien unglaublich gastfreundlich und bemüht, schrieb er. Man könne vom Hotel zur Anlage laufen. Er fühle sich sicher. Julian ging für mich an die Rezeption, gab den Hotelangestellten meine Flugnummer und meine Ankunftszeit, damit ich abgeholt werden konnte. Die Korrespondenz mit ihm nahm mir die Angst vor der Reise. Ich fühlte mich beruhigt, dass ich nicht auf mich allein gestellt sein würde. Anscheinend war es möglich, sich in Islamabad auf den Sport zu konzentrieren.

Es wäre nicht das erste Mal gewesen, dass der Alltag eines Landes, das ich besuchte, von dem abwich, was über das Land in der *Tagesschau* berichtet wurde. Die Menschen, denen ich auf meinen Reisen in ärmere Länder begegnet war, hatten keine bösen Absichten, sondern meist bescheidene Ansprüche. Sie wollten essen, trinken, schlafen, ihre Familien ernähren, ihre Religionen und Bräuche pflegen, einen Arzt besuchen können, wenn es ihnen schlecht ging. Sie wollten keinen Krieg und hatten mit Politik oft wenig am Hut. Im Gegensatz zu uns pflegten sie viel intensivere Formen der Gemeinschaft und des Zusammenlebens. Zumindest war das mein Eindruck. Sie verstanden zum Beispiel nie, wenn ich ihnen erzählte, dass man in Deutschland jahrelang neben seinem Nachbarn leben konnte, ohne sich zu kennen. Diese Diskrepanzen zwischen dem Bild in den Medien und der Realität werde ich sicher auch im Alltag der Pakistani wiederfinden, dachte ich. In Julians Beschreibungen machte Pakistan jedenfalls nicht den Eindruck eines *failed state*.

Ich reiste an Nikolausabend ab. Mein Flug ging über Abu Dhabi. Ich musste, dem günstigen Ticket sei Dank, dort eine Nacht am Flughafen überbrücken. Entdeckte den Gebetsraum, verwaist. Legte mich darin schlafen. Liebe muslimische Freunde, bitte seht es mir nach, aber ich Ungläubiger war sehr müde und wusste nicht, wohin mit mir, zwischen all diesen Duty-free-Geschäften mit ihren Parfüm-Düften, die mir Kopfschmerzen bereiteten.

An Gate A10 warteten am nächsten Mittag die Reisegäste nach Islamabad. Männer und Frauen trugen Shalwar Kameez, einen geschmückten Umhang, die traditionelle Tracht Pakistans. Die Frauen in sehr bunten Farben. Sie erinnerten mich an Inderinnen. Einige der Männer hatten einen Pagri auf, die pakistanische Version des Turbans. Geschäftsleute erkannte ich am Anzug und dem intensiven Gebrauch ihrer Smartphones.

Beim Einsteigen gab es Tumulte. Das Handgepäck der meisten meiner Mitpassagiere bestand aus Tüten, in denen sie einen Großteil ihres Haushalts zu transportieren schienen. Einer hatte einen Vogelkäfig dabei. Ging natürlich nicht. Aber er wollte sich nicht von seinem Zwitscherbuddy trennen. Ein Supervisor kam hinzu, der den Mann überzeugen konnte, dass man seinen Vogel an einem besseren Ort im Flugzeug unterbringen würde. Ich verstand nicht, was er sagte, aber er nahm den Käfig und ging davon. Als die geduldigen Etihad-Mitarbeiter das Gepäckproblem bewältigt hatten, kam es im Flugzeug zur nächsten Aufregung. Die Plätze auf den Tickets waren nicht in Urdu angegeben, konnten von vielen Fluggästen nicht gelesen werden. Sie setzten sich dahin, wo es ihnen gefiel. *Boarding not completed.* Das war schon sehr lustig. Reise nach Jerusalem vor dem Abflug nach Islamabad. Steward wollte ich da nicht sein.

Während des Flugs las ich im Pakistan-Reiseführer. Islamabad war eine junge Stadt, am Reißbrett von Städteplanern entworfen, unterteilt in Zonen. Die Faisal-Moschee, das Wahrzeichen der pakistanischen Hauptstadt, bot über 70 000 Gläubigen Platz und war ein Geschenk des saudischen Königs Faisal gewesen, deswegen hieß sie auch so. Ob ich da mal reindurfte? Auf den Fotos sah sie schon sehr beeindruckend aus. Vor der Landung in Islamabad gab es eine Durchsage auf Englisch: Der Besitz von Drogen, warnte die Stimme, auch von kleineren Mengen, werde in Pakistan als ein schweres Verbrechen behandelt und unter Umständen mit der Todesstrafe geahndet. Ich schaute aus dem Fenster, aber es war schon dunkel. Die Lichter der Städte aus einem Flugzeugfenster betrachtet sahen für mich immer gleich aus.

Ein Mitarbeiter des Best Western fuhr mich zum Hotel. Ich ergötzte mich an der wunderbaren Anarchie der Straße. Feierabendverkehr Islamabad. Drunter und drüber und durcheinander, und doch hatte alles seine Ordnung. Die verstand nicht, wer deutsche Kreisverkehre gewohnt war. Es war natürlich angenehm, das Treiben aus einem klimatisierten Van ansehen zu können. Vierköpfige Familien, die sich den schmalen Sitz eines Mopeds teilten. Bemalte Busse. Kleine Mohammed-Figuren auf Stoßstangen aus glänzendem Chrom. Hup, hup, hup. Einer fuhr Teppiche durch die Gegend, ein anderer lenkte sein Moped mit der rechten Hand und hielt in der linken die Füße einiger Hühner, wie einen Blumenstrauß. Den Hühnern gefiel das nicht so sehr. Verständlich. Cabriofahren durch das Chaos mit den Köpfen nach unten. Mochte niemand. Sie zappelten und versuchten sich aus ihrer misslichen Lage zu befreien. Hätten sie geahnt, dass ihnen auf dem Nachtmarkt bald die Enthauptung drohte, hätten sie ihre letzte Fahrt vielleicht doch ein wenig genossen. Hup, hup, hup, überall hup, hup, hup. Die Mopeds fuhren Slalom um die Schlaglöcher. Immer brannte irgendwo etwas. Der Gestank drang bis in den Hotel-Van. An den Straßen bunkerartige Hütten, Checkpoints, aus denen Soldaten ihre langen Gewehre durch Schlitze auf den Verkehr richteten. Es war Winter, denn viele der Mopedfahrer waren mit Schals vermummt, trugen dicke Jacken.

Das Hotel lag an einer sehr betriebsamen Hauptstraße. Der Fahrer musste vor einer Sicherheitsschranke halten. Mit einem Spiegel wurde der Boden des Fahrzeugs geprüft. Auch vor dem Eingang des Best Western eine Sicherheitsschleuse wie am Flughafen. Ein freundlicher Angestellter mit einem Pagri nahm sich meines Gepäcks an. Er nickte, alle nickten, wenn sie mich begrüßten. Jedes Mal, wenn ich ihnen während meines Aufenthalts begegnete, verbeugten sie sich.

»*Welcome, sir*«, sagten sie, »*welcome to Pakistan.*«

Mein Zimmer, Nummer 224, befand sich im ersten Stock, zum Glück nicht auf der Straßenseite. Dafür neben dem Raum, in dem die Hotelboys die ganze Nacht auf Aufträge der Gäste warteten. Ständig klingelte das Telefon. Klingelte es nicht, diskutierten sie. Sehr, sehr aufgeregt, es musste um Wichtiges gehen. Sie hatten nie das Bedürfnis zu schweigen. Nicht einmal für einen kurzen Moment hatten sie sich nichts zu sagen. Ich rief bei ihnen an und bestellte ein Lamm-Curry auf mein Zimmer. *No, not spicy*, sagte ich, und als einer der Pagen das Essen brachte, unterschrieb ich den Zettel, den er mir reichte, ohne nachzufragen. Ich war erschöpft von der Reise. Ich riss mir ein Stück vom warmen Fladenbrot und tunkte es ins gelbe Curry: verdammt gut. Nach dem Essen stellte ich das Geschirr vor die Tür und ging schlafen. Klappte gleich, weil: total müde.

Beim Frühstück traf ich Julian Onken und Peter Goldsteiner, Goldi genannt. Sie bildeten ein großartiges Team. Ein unprätentiöser Hamburger und ein aufgeweckter Wiener. Mit dem Wiener Humor – zwischen Ironie und Zynismus – kam ich wunderbar klar. Haas, Hader, Halleluja. Ich fand das nie destruktiv, sondern anregend. Bloß nichts zu geil finden. Nie die Lässigkeit verlieren. Sich eher klein machen, nicht zu wichtig nehmen. Neben ihrem Zimmer telefonierten keine Pagen, dafür wurde ab dem frühen Morgen gehämmert und gebohrt. Jeden Morgen. *Anyway.* Es tat gut, gleich Anschluss zu finden.

»Passt eh«, sagte Peter gelassen, wenn ich eine meiner vielen Fragen stellte, Probleme sah, wo keine waren.

»Aber auf deine Zahnbürste musst aufpassen«, sagte er, und Julian lachte.

»Wieso ausgerechnet auf meine Zahnbürste?«, fragte ich.

»Na ja, weil das schon häufiger passiert ist, dass der Zimmerservice damit die Toilette geputzt hat. Seitdem verstecke ich meine immer, woast eh.«

Ich bestellte »*Pakistani bread*«, ungesalzenes Fladenbrot, und bestrich es mit einer süßlichen roten Konfitüre. Auf der Packung war eine Erdbeere abgebildet, aber das Zeug schmeckte nur nach Chemie. An etwas anderes traute ich mich nicht. Das Büfett mit den Currys und Eintöpfen ignorierte ich. Ich hatte nur eine Woche in Islamabad, nur eine Chance, nur ein Turnier. Meine Zeit hier wollte ich nicht auf der Toilette verbringen, auch wenn mir das Curry von letzter Nacht keine Probleme bereitete.

Julian hatte gestern gegen einen Einheimischen verloren.

»Ich habe aber nicht nur gegen ihn gespielt«, sagte er, »sondern auch gegen den Schiedsrichter und seine Landsleute. Das war Wahnsinn. Die waren so krass. Ich habe noch nie so eine Stimmung erlebt.«

Mit Tennisprofis, die ihre Niederlagen erklärten, verhielt es sich wie mit Häftlingen, die ihre Taten beschrieben. Sie waren nie schuld. Schuld hatte immer irgendwer, irgendwas anderes. Sie waren Verdrängungsweltmeister. Eine notwendige Kunst, denn wenn in ein paar Tagen das nächste Match anstand, dann durften sie sich nicht lange mit dem letzten befassen. Er wolle heute nur leicht trainieren, sagte Julian, aber ich könne gerne mitmachen.

Ein Minibus mit zerschlissenen Sitzen fuhr uns zur Anlage. Der Fahrer versuchte den meisten Schlaglöchern auszuweichen. Gelang ihm das nicht, schlug mein Kopf gegen die Decke. Eine undefinierbare Musik erklang aus seinem Radio. Ich konnte nicht einmal heraushören, welche Instrumente da spielten. Die anderen Spieler hörten nichts. Sie hatten Kopfhörer auf und wirkten sehr konzentriert. Ihre Tennisklamotten rochen nach getrocknetem Schweiß. Die Fahrt dauerte keine zehn Minuten.

Es war Freitagmorgen, ein Tag vor dem Beginn der Qualifikation. Vor dem »Aqeel Khan«-Tenniscenter grasten schwarze Kühe. Oder waren es Büffel? Keine Ahnung, ich musste Sina ein Foto schicken, die kannte jedes Tier auf Mutters Erde beim Vornamen, sogar den Blaufußtölpel. Aqeel Khan war Pakistans berühmtester Tennisspieler. Ein Held wie ich. Ebenfalls nicht mehr mit dem ertragreichsten Haarwuchs gesegnet. Und ein netter Kerl, den ich bald kennenlernen würde. Er spielte auch mit. In den Feldern vor der Anlage wuchsen Marihuanapflanzen. Ich erfuhr, dass die Jungs hier gerne pafften. Warum auch nicht, bei der 1-A-Bioware? Wenn ein Polizist sie erwischte, mussten sie löhnen. Oder für eine Nacht in den Knast und Bekanntschaft mit den Stöcken machen. Das kam aber selten vor, denn meistens legten sie zusammen. Der Polizist trollte sich dann mit seinen Bestechungsrupien, und sie dampften weiter.

Beim Betreten der Anlage musste man wieder durch eine Sicherheitsschleuse. Männer mit Bärten und Gewehren kontrollierten dahinter unsere Tennistaschen. Auf dem Dach des Stadiums patrouillierten zwei Soldaten, als gelte es, einen Luftangriff auf die Tennisanlage zu verhindern. Der Turnierdirektor war ein hoher Militär namens Colonel Guz. Ich war schon in Ländern gewesen, in denen die Präsenz von Waffen zum Alltag gehörte, aber in Pakistan schien es als Privileg zu gelten, Pistolen und Gewehre zu tragen. Wer etwas auf sich hielt, hatte ein Gewehr über der Schulter. Das war eine Frage der Männlichkeit.

Auf dem Center Court im Stadium spielte gerade ein Spanier gegen einen Russen im Halbfinale des ersten Turniers. Die Einheimischen waren für den Spanier.

»Riba, Riba«, riefen sie, weil er Pere Riba hieß.

Auf den Sitzplätzen die bessere Gesellschaft Islamabads. Die Frauen in schönen, farbigen Seidenumhängen. Angestellte von Botschaften saßen auf gepolsterten Stühlen. Expats. VIPs in der Ehrenloge bekamen Tee aus silbernen Kannen eingeschenkt. Rauchverbot? Guter Witz. Qualme, wer wolle, das störte niemand.

Die Jugendlichen standen auf den billigen Plätzen. Sie trugen Tenniskleidung aus zweiter oder fünfter Hand, die so alt war, dass sie in Deutschland als retro und cool gelten würde. Ihre Begeisterung, ihr Enthusiasmus für das Match und den Sport waren für mich sofort zu spüren. Wie gut, dass man hier ein Turnier austrug, dachte ich. Sie machten eine Stimmung wie beim Fußball. Mit Etikette hielten sie sich nicht auf. Geschrei. Klatschen. Mir gefiel das sehr.

Die Einheimischen freuten sich über uns Spieler. Ich hatte das Gefühl, willkommen zu sein. Ständig wollte jemand ein Selfie mit mir machen. Wissen, wo ich herkomme, was ich von Pakistan hielt, ob mir das Essen schmeckte, ich schon in den Bergen gewesen sei und welcher Fußballmannschaft ich folgte. Bayern München. Bayern Mjunitsch wurde in Islamabad mit einem wohlwollenden Nicken bedacht. Aus dem Fenster des »Tennis-Hut«, einem kleinen Kiosk neben den Umkleiden, stieg schon jetzt, am frühen Vormittag, der Geruch von Curry und Gegrilltem auf. Mit deutscher Sportlernahrung brauchte ich hier nicht anzufangen. Ich kaufte mir Bananen.

Der Sand auf den Plätzen war grau und so grobkörnig, dass ich das Gefühl hatte, ich spielte auf gemahlenen Kieselsteinen. Unter dem Sand lag Beton, hart wie ein Parkplatz. Das würde böse auf Knochen und Gelenke gehen hier. Der Platz war so stumpf, dass man nicht rutschen konnte. Das wiederum fand ich klasse, denn Rutschen hatte bei der Generalprobe mit Olli nicht geklappt.

Julian und Peter begrüßten einen jungen Franzosen. Luka fragte mich, wie viele Punkte ich habe. Ich sagte ihm, dass ich darauf hoffte, an der Qualifikation teilnehmen zu können. Wir trainierten ein bisschen zu viert. Ich wusste, dass meine Eingewöhnungszeit viel zu kurz sein würde, denn morgen stand schon das erste Match an. Ich war jetzt Dritter auf der *Alternate List*, das musste eigentlich reichen. Ich arbeitete nur an den Basics. Achtete darauf, meine Beine gut zu bewegen. Schlug die Grundschläge *crosscourt* mit einem Bogen über das Netz. Vermied leichte Fehler. Versuchte, meine Schläge lang zu halten. Lieber etwas langsamer, dafür kontrolliert spielen. Konstante Länge in meinen Schlägen war wichtiger als Geschwindigkeit. Auch das hatte ich von Anthony gelernt. Früher dachte ich, je härter, desto besser. Was für ein Quatsch. Wie sollte mich ein Gegner attackieren, wenn ich die Bälle regelmäßig kurz vor seine Grundlinie brachte? Eigentlich traurig, dass ich 38 Jahre alt werden musste, um das zu verstehen.

Die Sonne schien wie durch einen milchigen Filter. Es war nicht heiß, sondern angenehm warm. 24, 25 Grad. Die Luft war trocken, nicht feucht. Das lag mir. Ich mochte keine Schwüle, die dafür sorgte, dass sich die Bälle vollsaugten und langsam wurden und meinem Spiel das Tempo nahmen. Ich konnte keine Wolken sehen. Vielleicht lag das am Smog, den dieser hemmungslose Verkehr verursachte. Oder an dem, was die Pakistanis den ganzen Tag verbrannten. Oder an beidem. Jedenfalls war es einfacher für mich, hier zu spielen, als in Südafrika. Ich hatte dort drei Wochen mit viel Wind trainiert. Hier gab es keinen. Ich freute mich, die Flugbahn des Balles berechnen zu können und nicht improvisieren zu müssen. Die Bälle versprangen dafür immer mal wieder, weil die Plätze so viele Überraschungen parat hielten wie die Straßen. *Bad bounces*, viele *bad bounces*. Die Linien waren so glatt, dass der Ball wegrutschte, wenn man sie traf, aber damit kam ich klar. Ich freute mich über meine neue Rückhand, die mit jedem Training besser funktionierte. Da ich meinen linken Arm einsetzte, wie Anthony es empfohlen hatte, konnte ich den Ball besser kontrollieren. Es fühlte sich gut an, sich über die Rückhand keine Sorgen machen zu müssen.

Wir spielten ein paar lockere Punkte. Nach dem Training spazierte ich mit einem Russen namens Anton zurück zum

Hotel. Er kam aus Moskau, war etwas älter als die anderen Spieler und hatte seinen Bürojob gekündigt, um seinen Traum von der Tennistour leben zu können. Wir verstanden uns. Um seine Reisen zu finanzieren, bespannte er auf seinem Hotelzimmer Schläger für die anderen Spieler. Während wir plauderten, überraschte uns eine dieser schwarzen Kühe. Sie kam plötzlich aus dem Gebüsch. Hinter ihr lief ein Pakistani mit Schnurrbart und Stock und versuchte sie zum Stehen und Grasen zu bewegen. Tat sie dann auch. Kurz vor uns. Im Soldatenhäuschen vor unserem Hotel grüßte ich den Mann in Uniform, der mit seinem Gewehr auf den Verkehr zielte. Ich wollte mit ihm ein Selfie machen.

»*Nooo*«, sagte Anton, »*don't.*«

Der Soldat guckte wirklich nicht erfreut.

Ich duschte, aß Shish Taouk, Huhn mit einer sahnigen Zitronensoße, und viel Reis. Die Preise im Menü waren in Rupien angegeben. Ein Hauptgericht kostete um die drei Euro. Die Hotelleitung verstand bald, dass die Preise zu günstig waren. Wir Tennisspieler bekamen dann andere Speisekarten als die pakistanischen Gäste. Mit Preisen, die doppelt so hoch waren. Fand der Goldi aus Wien gar nicht lustig. Er diskutierte mit dem Manager. Der blieb stur. Der gute Mann wusste, dass wir keine Alternative hatten. Wir waren auf das Hotel angewiesen.

Die meisten der Spieler schliefen hier. Die Russen, die mit den Ukrainern eine Gruppe bildeten und aus ihrer Verachtung für die Einheimischen keinen Hehl machten. Sie kommandierten die Kellner wie Leibeigene herum. Kein Essen ohne Ärger an einem der Russentische. Die Spanier, sehr freundlich, immer am Reden, sie hatten sich so viel zu sagen. Ein türkischer Spieler, der für sich allein blieb. Die Inder, die auf ihren Smartphones zockten, sich zu jedem Essen noch scharfe Soße bestellten und sehr viel lachten. Mit Abstand die entspannteste Gruppe von Tennisspielern, der ich begegnen sollte. Roy aus Singapur, der mit einem Kanadier auf einem Zimmer wohnte. Ich hatte Roy in Kambodscha kennengelernt. Er hatte seitdem einfach immer weitergespielt. Roy war einer dieser heimatlosen Tennis-Globetrotter, die es nie nach Wimbledon schafften, aber nicht aufhören konnten.

Julian, Peter und ich waren die Einzigen, die Deutsch sprachen. Wir aßen zusammen. Die beiden waren schon länger auf der Future-Tour unterwegs. Es gab keine Frage, auf die sie keine Antwort hatten. Sie halfen mir, mich zurechtzufinden, und ich bestärkte sie, es weiter als Tennisprofis zu versuchen. Sie zweifelten, das Geld reichte nie, sie lebten von Turnier zu Turnier. Ich hielt ihnen den tristen Angestelltenalltag vieler deutscher Arbeitnehmer entgegen. Animierte sie, die Vielfalt ihrer Reisen zu schätzen und aufzusaugen.

Sie unterhielten mich mit unfassbar lustigen Anekdoten. Über den Statzi, einen Österreicher, der sich bei jedem Turnier um die lokale Weiblichkeit bemühte, und das nicht immer erfolgreich. Über eine Spielerin, die das Essen auf den Turnierreisen so leid war, dass sie in Österreich vorkochte, alles einfror und sich wochenlang von aufgetauten Nudeln ernährte.

Aber Julian und Peter desillusionierten mich auch mit Geschichten über die Schattenseiten meines Sports, die ich so noch nicht kannte. Die Selbstverständlichkeit von Betrug. Manipulierte Matches, Doping. Wenn zum Beispiel einer der Russen spielte, das sah ich bald, saßen die anderen oft mit ihren Mobiltelefonen am Platz. Redeten mit ihrem Mann. Er gab an, wie er die nächsten Punkte spielen würde. Ob er abschenkte oder sich anstrengte. So wussten sie schneller als der schnellste Buchmacher, wie das Spiel ausgehen würde.

Pakistan bereicherte meine Tennishistorie, aber nahm mir auch ein wenig den Glauben an meinen Sport. Wahrscheinlich war es naiv gewesen, zu denken, dass der Tennissport, in dem viele Millionen umgesetzt werden, nicht von Betrug betroffen sein könnte. Ausgerechnet im Tennis, wo es unmöglich war, festzustellen, ob ein Spieler einen Punkt mit Absicht verloren hatte.

Wer Future-Turniere spielte, zahlte drauf. Hier rechnete sich der Profisport nicht. Die meisten Spieler kamen über die Runden, weil sie für die Punktspiele von ihren Vereinen bezahlt wurden. Aber die Reisen waren teuer. Da lag es nahe, sich etwas dazuzuverdienen. Ich hörte von Spielern, die bedroht worden waren, weil sie sich geweigert hatten, ein Match zu manipulieren, oder ein Match verloren hatten, das den Gangstern ihre Wetten versaut hatte.

Und die Körper einiger Spieler, tja, was sollte ich sagen? Ich war nicht als investigativer Reporter in Islamabad unterwegs, aber hätte schon gerne gewusst, welche Spaghetti man essen musste, um so muskulös auszusehen.

Am Nachmittag hatte ich niemanden zum Trainieren. Julian und Peter machten Pause. Das Hauptfeld begann erst am Montag. Ich sah, dass auf dem Center Court drei Pakistani trainierten, und fragte, ob ich mitspielen durfte.

»*Sure*«, sagte einer, der sich mit Aqeel vorstellte. Er war schon etwas älter und vertrat Pakistan im Davis Cup. Es war der Nationalheld, den ich vorhin getroffen hatte, nach dem die Tennisanlage benannt war. Aqeel Khan spielte einen alten Head-Schläger, mit dem ich keinen Ball getroffen hätte. Er traf jeden Ball in der Mitte des Schlägers. Egal wie hart ich ihn am Netz anspielte, seine Volleys kamen konstant. Was für ein Touch.

Ein anderer Spieler stellte sich mit Ali vor. Er war Coach an der University of Idaho. Dank meiner Collegevergangenheit kamen wir sofort ins Gespräch. Sein Bruder, erzählte er mir in akzentfreiem Englisch, sei hier in Pakistan ein Superstar. Er spiele in einer Soap mit.

»*Amazing*«, sagte ich.

Ali wurde von einem Fahrer zur Anlage gefahren. Die Einheimischen, die aus wohlhabenden Familien kamen, hatten alle im Ausland studiert und waren sehr kultiviert. Einige der Spieler kamen für die Turniere zurück nach Islamabad. Aus ihrer neuen Heimat (Dubai, USA) in ihre alte. Die meisten hatten längst eine neue Staatsbürgerschaft angenommen, spielten unter der Flagge ihres neuen Landes. Ali spielte für Pakistan. Er hatte eine Wildcard für das Hauptfeld bekommen. Er trainierte jeden Tag dreimal. Pakistanische Journalisten befragten ihn, die Zuschauer wollten ein Foto mit ihm. Tatsächlich entdeckte ich später, dass sein Bruder auf meterhohen Plakaten an den Straßen hing.

Nach dem Training ging ich ins Büro der Turnierleitung und trug mich in die Quali-Liste ein. Der Supervisor war ein ruhiger Pakistani, der im selben Hotel wohnte wie wir Spieler. Er hörte sich meine Geschichte an und lächelte. Ich amüsierte ihn, aber er verachtete mich nicht.

»Ich bin mir ziemlich sicher, dass du mitspielen kannst«, sagte er, »wir bekommen das schon hin.«

Ich glaubte ihm, obwohl ich das ein paar Wochen zuvor schon einmal gehört und die Freitagabende dann mit Verdrängungsbieren verbracht hatte.

Am Abend aß ich mit Julian und Peter im Restaurant und ging dann auf mein Zimmer. An der Wand hing eine Uhr, ihre Zeiger tickten über das »Best Western«-Logo auf dem Zifferblatt. Ich war nervös. Wartete auf die Auslosung. Das Hotel fühlte sich an wie ein Käfig, in dem man immer denselben Tieren über den Weg lief. Nicken zu den Concierges, zu den Portiers und Pagen. »*How are you?*« zu den anderen Spielern. Viele von ihnen fläzten sich in die Ledersofas in der Lobby, weil das WLAN auf den Zimmern nicht funktionierte. Sie skypten mit ihren Freundinnen oder Müttern.

Aus dem Käfig ausbrechen ging nicht. Zu gefährlich wäre ein Ausflug auf eigene Faust gewesen, davon rieten mir alle ab. Wenn, dann nur in Gruppen, mit Einheimischen. Aber ich wollte auch noch gar nicht raus. Ich war etwas müde von der Reise und den zwei Trainingseinheiten. Das Eindimensionale des Lebens im Best-Western-Hotel Islamabad gefiel mir. Es gab keine Ablenkung. Essen, trinken, dehnen, lesen, schlafen. *No* Augustiner, *no* Verlockung. Im Fernsehen liefen Bilder aus Moscheen, unterlegt mit Koran-Suren und Gebetsgemurmel, oder schicke Pakistanis priesen Fertigsuppen an. Ich nahm an, dass sich in den Programmen die Teilung des Landes abbildete, der Konflikt zwischen Tradition und Moderne, aber ich war nicht Peter Scholl-Latour auf Expedition, sondern ein alter Tennisspieler, der auf Losglück hoffte, und schaltete schnell wieder aus.

Als die Auslosung dann erschien, war ich erleichtert. Ich war drin. Mein Gegner war nicht gesetzt. Er hatte keinen Punkt, war nicht in der Weltrangliste. Er hieß Mohammed Wagas Malik. Neben seinem Namen leuchtete die kanadische Flagge. Sicher einer dieser Söhne aus wohlhabenden Familien.

Seine war wohl nach Kanada ausgewandert. Die Partie war am nächsten Tag auf Court 3 angesetzt, drittes Match nach zehn Uhr.

Ich googelte Mohammed. Mein Magen verkrampfte sich. Er war ein herausragender Junior gewesen.

»*Very talented, very promising*«, stand da.

Er hatte dann wegen Verletzungen lange nicht gespielt. Sehr gute Ergebnisse auf schnellen Belägen wie Rasen und im Doppel. Das sprach für ein aggressives Spiel. Guten Aufschlag. Ich schickte ein Foto der Auslosung an Satsche und Eitzi und ging schlafen.

Julian wollte sich am nächsten Morgen vor meinem Erstrundenmatch mit mir einspielen. Aber er hatte sich beim Abendessen für die Spinat-Lasagne entschieden und verließ die nächsten drei Tage sein Zimmer nicht. Einspielen fiel aus. Suboptimal. Ein paar Minuten Warm-up hätten nicht geschadet.

Ich hakte es ab. Dann eben kein Einspielen. Ich musste an Renze denken. »Böse fighten, Junge, egal wie, einfach immer böse fighten.« Das war der Plan. Nicht mit den Umständen hadern. Böse fighten.

Kurz vor 14 Uhr betraten Mohammed und ich Court 3. Mein Gegner trug einen Rucksack mit drei Wilson-Schlägern über der Schulter, wie ein Tourist, der im Club Med ein Stündchen Tennis spielen wollte. Er hatte eine Plauze. Den Burgern in Kanada schien er nicht aus dem Weg zu gehen. Er war so groß wie ich, was auf der Tennistour nicht selten vorkam, und wog mehr als ich, was sehr selten vorkam. Hätte ich nicht gestern Abend seine Tennis-Vergangenheit recherchiert, ich wäre Gefahr gelaufen, ihn zu unterschätzen.

Beim Einschlagen merkte ich, wie gut er war. Er konnte wirklich spielen. Seine Bewegungen waren fließend, er verschlug keinen Ball. Und sein Aufschlag, unglaublich. Mohammed servierte mit hoher Geschwindigkeit präzise in die Ecken. Sein zweiter, ein Kick-Aufschlag, sprang mir über die Schulter. Wenn ich eine Schwäche ausmachen konnte, dann, dass er schnell nach vorne ans Netz kam, aber nicht so gut in die Ecken. Er war genauso wenig Sandplatzspezialist wie ich.

Es wurde schon in der ersten Runde der Qualifikation mit Schiedsrichter gespielt. Ich begrüßte das sehr. Wenn die Spieler entscheiden mussten, ob ein Ball im Feld war oder nicht, kam es häufig zum Streit. Die Anreise, die Kosten, es ging um viel. Da war es angenehm, zu wissen, dass eine neutrale Person auf dem Stuhl saß. Auch wenn der Schiedsrichter aus Pakistan kam. Wie mein Gegner, der für Kanada antrat, aber aus Islamabad stammte. Das merkte ich schnell. Denn Mohammed hatte seine Fans mitgebracht. Zehn Jungs beklatschten von Anfang an jeden seiner Punkte.

Ich begann unruhig. Hatte keinen Rhythmus beim Aufschlag. Keine Sicherheit. Ich merkte, dass mir die Matchpraxis fehlte. Ich hatte in Südafrika viel trainiert, aber kein Turniermatch bestritten. Nichts war selbstverständlich. Meine neue Rückhand brach unter Druck zusammen. Ich wusste nicht, wohin der Ball flog, wenn ich sie schlug. Ich spielte Slice, weil die beidhändige Rückhand mich im Stich ließ. Ich schaffte es nicht, in den Ballwechseln zu bleiben. Meinen Gegner in lange Rallyes zu verstricken. Ich forderte Mohammed nicht, indem ich ihn links und rechts schickte, sondern schenkte ihm Punkte durch schnelle Fehler. Mohammed servierte fantastisch. Asse mit dem ersten Aufschlag, Asse mit dem zweiten. Ich kam bei seinen Aufschlagspielen nicht einmal in die Nähe einer Breakchance. Er breakte mich einmal. Musste nicht viel dafür tun. Nur solide ins Feld spielen. Nach einer halben Stunde hatte ich den ersten Satz 3:6 verloren.

Ich war hilflos. Mein Computer im Kopf war aus. Ich ließ mich von meinen Emotionen leiten. Statt über Lösungen nachzudenken, wie ich das Match drehen konnte, saß ich beim Seitenwechsel auf meinem Stuhl und heulte in mich hinein.

»Was mache ich hier bloß?«, haderte ich. »Für so eine Leistung fahre ich doch nicht nach Pakistan.«

Ich knabberte an einer Banane. Trank Wasser. Führte Selbstgespräche. Der Schiedsrichter schaute auf mich herunter. Er hatte eine randlose Brille und sah aus wie ein BWL-Student. Für Schimpfereien konnte er Strafpunkte und Geldstrafen verhängen. Aber er verstand kein Deutsch.

Der Druck, den ich mir selbst machte, erstickte mich. Der Spieler hatte nichts mit dem Felix Hutt zu tun, der einen Punkt holen wollte. Ich hatte das Turnier, das Ziel Weltrangliste, so mit meiner Erwartungshaltung überfrachtet, dass ich nur noch überfordert war. Satsche, Eitzi, Renze, Olli, Sina, all die Stimmen in meinem Kopf. Tu dies, mach das, nimm es wichtig, nimm es nicht so wichtig. *Shit, shit, shit.*

Es war jämmerlich. Mohammed breakte mich gleich zu Beginn des zweiten Satzes. Ich lag Satz und Break hinten. Aussichtslos. *»Come on«*, rief er nach einigen Punkten, eher zurückhaltend. Er brauchte nicht das komplette Arsenal an Emotionen. Ich war weich und unsicher, und das spürte er. Seine Fans applaudierten. Er schaute zu mir und wusste, dass ich nicht an eine Wende glaubte. Seine Freunde merkten, dass ich keine positiven Emotionen zeigte. Ich war ein Opfer. Zum Verlieren bestimmt. Sie hatten kein Mitleid mit mir, sie brauchten nicht die Hooligans in sich herauszuholen. Es schien zu reichen, wenn Mohammed weiterspielte wie bisher. Noch ein paar Mal seinen Aufschlag hielt. Ein bisschen Unterstützung von draußen bekam. Dann war bald *Game over*. Das Ende wartete auf mich wie eine Erlösung.

Ich verachtete mich selbst. Überlegte zwischen den Punkten, mit welchem Flug ich nach dem Match am schnellsten aus Islamabad verschwinden konnte. Noch an diesem Abend. Ging da samstags was? Ich würde jede Umbuchungsgebühr zahlen. Würde mich nicht einmal mehr duschen. Ich wollte nur noch weg. Dieses Projekt beenden. Was für ein Dreck. Was für ein Loser.

Bei 1:2 servierte Mohammed zum 1:3. Mir war alles egal. Ich spielte Risiko. Nahm die Returns früh. Stöhnte. Redete mit mir zwischen den Punkten.

»Ja, ja, der Hutt, was für ein Profi. Bleib doch einfach am Schreibtisch, trink Augustiner und iss Schweinebraten.«

Es war nicht schön.

Ich spielte zwei trotzige, riskante Returns, die Mohammed nicht erreichte. Bei 30:30 passierte etwas Seltsames. Mohammed schien Angst vor dem Gewinnen zu bekommen. Er machte zwei Doppelfehler. Break. 2:2. Geschenkt. Danke.

Na gut, mein Freund, wenn du nicht willst, dann versuche ich es eben noch mal, dachte ich. Hielt meinen Aufschlag zum 3:2. Beim Seitenwechsel wagte ich noch nicht, auf eine Wende zu hoffen, aber ich war wieder im zweiten Satz. Vielleicht konnte ich wenigstens den offen gestalten. Das Ergebnis verbessern. Mein Gesicht wahren.

Ich war im nächsten Spiel knapp davor, ihn zu breaken, aber Mohammed glich zum 3:3 aus. Er wurde lauter. Mein Reden schien ihn zu nerven. Er spürte, dass er mich aus meiner Lethargie geholt hatte. Darüber war er sauer. Er starrte mich nun nach gewonnenen Punkten über das Netz hinweg an, schrie dabei etwas, das ich nicht verstand, und seine Leute schrien es ihm nach. Er gestikulierte, drohte mir mit seiner Faust.

Es gehörte zur Tennisetikette, dass man sich nach Fehlern des Gegners nicht freute. Bei Doppelfehlern des anderen nicht klatschte. Aber diese Regeln galten nicht auf Court 3 in Islamabad. Ich drehte mich ab, wenn sich Mohammed wie ein Derwisch am Netz aufbaute, wollte das Theater nicht sehen. Es war einschüchternd, aber ich wusste, dass sich dahinter Unsicherheit verbarg. Als er ruhig gewesen war und souverän gespielt hatte, hatte ich keine Chance gehabt. Er hatte selbstsicher auf mich gewirkt. Unantastbar. Ich hatte in seinem Verhalten nichts entdeckt, was mir Hoffnung gegeben hatte. Er hätte nur so weiterspielen müssen. Aber wenn er nun die Emotionen in die Arena bringen wollte, gerne, mit Drama auf dem Tennisplatz kannte ich mich aus.

Du willst brüllen, Mohammed?

Gut. Dann brülle ich zurück.

Mal sehen, wer am Ende von uns beiden steht.

Das Gezeter hatte seine Unterstützer auf den Plan gerufen. Mittlerweile saßen 20, 30 Einheimische am Platz. Männer ohne Tennisverstand, aber mit einem eindeutigen Favoriten. Der hieß nicht Felix Hutt. Sie lärmten. Wenn Mohammed punktete, egal wie, sprangen sie aus ihren Sitzen. Er hatte den finalen Punch verpasst. Hatte mich nicht ausgeknockt, obwohl meine Deckung eineinhalb Sätze lang unten, nicht vorhanden gewesen war. Sie peitschten ihn nun an, wollten ihm helfen, dass er in diesem zweiten Satz noch mal die Chance zu einem Knock-out bekommen würde.

Aber ich war jetzt wach. Ich wollte ihn treffen, bevor er

mich attackieren konnte. Gelang es mir, diesen zweiten Satz zu stehlen, dann würde er noch mehr an seine verpasste Chance denken. Dann wäre wieder alles offen. Ich dachte nicht mehr an den Rückflug. Ich war jetzt angekommen in Islamabad.

Ich hielt meinen Aufschlag zum 4:3.

Er glich aus, 4:4.

Ich servierte souverän, 5:4.

Ich verstand langsam, wie ich spielen musste. Ich konnte ihn heute nicht vom Platz schießen, dafür waren meine Schläge zu unpräzise. Mein Radar war noch nicht eingestellt, wie auch, das war mein zweiter Tag unter den Konditionen hier. Aber ich konnte ihn jetzt bewegen. Solide spielen und kämpfen. Ich brauchte keine Asse, sondern eine hohe Quote beim ersten Aufschlag. Ich nahm Geschwindigkeit raus. Jetzt kamen mehr erste ins Feld. Ich streute ab und zu einen Stoppball ein. Lockte ihn ans Netz, um ihn dann zu überlobben. Mohammed schnaufte, ging zwischen den Punkten immer öfter zum Handtuch, das im Zaun hing. Ich wusste, dass er nicht austrainiert war. Er war der bessere Spieler, aber ich war der fittere. Je länger das Match gehen würde, umso mehr könnte mir das zum Vorteil werden. Ich gewann die langen Ballwechsel, er die kurzen. Ich spielte von der Grundlinie, er rannte ans Netz. Ich versuchte ihn nicht zu passieren, weil mir dafür die Genauigkeit und Ruhe fehlten. Ich spielte ihm hart auf den Körper. Das regte ihn auf. Niemand mochte schnelle Schläge durch die Mitte, die keinen Winkel anboten. Selbst wenn meine Bälle ins Aus gingen, musste er ausweichen. Seine Aufschläge waren nach wie vor schwer zu lesen. Wahnsinn, wie konstant dieser Typ seit zwei Stunden servierte.

Bei 5:4 für mich hatte er bei 40:15 zwei Spielbälle zum 5:5.

Er traf zweimal keinen ersten Aufschlag. Es ging in die Ballwechsel. Ich gewann die Rallyes. Bei Einstand erriet ich, dass er nach außen aufschlug, spielte meinen Vorhand-Return *crosscourt* zum Winner.

Vorteil Hutt.

Satzball.

Ich kam erneut in einen langen Ballwechsel. Ich öffnete mit einer Vorhand *crosscourt* den Platz. Mohammed kam nicht richtig hinter seine Vorhand. Er spielte einen kurzen Ball. Ich nahm ihn im Steigen und spielte eine Rückhand vom T-Feld in die freie Ecke.

»*Game, second set, Hutt, by six games to four*«, sagte der Schiedsrichter.

Satzausgleich.

Auferstanden aus der Tennishölle.

Ich explodierte.

»*Come ooooooooooonnnnnnn*«, schrie ich so laut, dass man es im nahen Murree-Gebirge hören musste. Ich hob meinen rechten Arm Richtung Mohammed, zeigte ihm meine Becker-Faust. Fixierte ihn mit wilden Blicken. Ich rächte mich für sein Theater zuvor. In mir entlud sich nicht nur die Freude über den Satzgewinn. Sondern auch die Erleichterung. Ich hatte ein Match. Ich war ein Tennisspieler, der es verdient hatte, hier auf dem Platz zu stehen. Es war doch nicht alles umsonst gewesen.

»*Come on*«, schrie ich noch mal über das Netz.

Und dann wendete ich mich zu seinen Fans um, schaute Richtung Tribüne, schrie auch sie an.

»*Come on*, auf geht's jetzt!« Ich klopfte mit der rechten Faust auf meine Brust, da wo ich mein Herz vermutete, aber das war gerade so groß, es konnte überall sein.

Sie schauten mich ungläubig an. Dann begannen einige mich zu beschimpfen, in meine Richtung zu zeigen, als wollten sie mich verprügeln. Andere lachten. Ihnen gefiel das Spektakel. Ich war völlig außer Rand und Band. Verließ den Platz, rannte auf die Toilette, musste runterkommen, wechselte mein Shirt. Band mir ein rotes Stirnband um. Ich sah jetzt aus wie Stallone vor dem finalen Kampf. Rambo-Style.

Der dritte Satz würde Krieg werden, das war klar. Sie würden mich hassen. Mohammed würde mir nichts schenken. Und ich würde auf diesem Platz alles lassen, was ich zu geben hatte.

Hinter dem Zaun, auf den Bänken, auf den oberen Rängen des Center Court, von denen man auf Court 3 sehen konnte – Menschen über Menschen, die sich den dritten Satz nicht entgehen lassen wollten. Ich hatte noch nie vor so vielen Zuschauern gespielt. Wir waren weit vom Niveau der Hauptfeld-Cracks entfernt, aber das spielte keine Rolle. Es galt, einen Landsmann gegen diesen deutschen Verrückten zu unterstützen. Gewann ich einen Punkt, war es still. Ab und zu rief einer der Russen »*Dawai, dawai*« hinein. Aber das war nicht pro Hutt, sondern contra Pakistani. Punktete Mohammed, wurde es laut. Die Zuschauer tobten. Gott sei Dank verstand ich nicht, was sie mir da alles wünschten. Der Schiedsrichter musste immer wieder um Ruhe bitten.

Mich schüchterte diese Atmosphäre nicht ein. Ich mochte sie. Die Fronten waren geklärt. Ich gegen alle, alle gegen mich. Ich sog die Energie auf und verschenkte jetzt gar nichts mehr.

Mohammed leider auch nicht. Wir hielten unsere Aufschlagspiele bis zum 5:4 für mich. Ich hatte den Satz mit Aufschlag begonnen. Konnte vorlegen. Gelang es mir jetzt, ihn zu breaken, hatte ich gewonnen. Gegen den Matchverlust zu servieren bedeutete eine besondere Drucksituation. Ich wusste, dass Mohammed Stress hatte, während er beim Seitenwechsel saß. Er wusste, ein Break, und alles war vorbei. Ich nahm mir vor, im kommenden Spiel keinen Fehler zu machen. Die Verantwortung auf Mohammeds Seite zu schieben. Machte er einen Winner, okay, Glückwunsch, aber Geschenke würde es von mir keine geben. Er musste sich das 5:5 verdienen. Das war mein Plan.

Und tatsächlich, wie schon am Ende des zweiten Satzes, zeigte Mohammed in der entscheidenden Phase Nerven. Seine ersten Aufschläge ließen ihn im Stich. Bei den zweiten kam ich in die Ballwechsel. Er wurde immer müder. Versuchte Winner zu schlagen, aber er war nicht mehr so präzise wie zu Beginn. Seine Beine waren schwer. Er machte viele Fehler. Bei 15:40 hatte ich zwei Matchbälle.

Noch ein Punkt, und ich hatte dieses epische Match gewonnen. Es war das wichtigste meines Lebens. Es war nicht nur eine sportliche Herausforderung, sondern eine Charakterprüfung. Bestand ich sie, konnte mir danach wenig etwas anhaben. Würde ich gewinnen, hätte ich nicht nur Mohammed besiegt. Sondern auch die Zuschauer. Und meine Negativität. Dieses Match konnte das Projekt zu einem Happy End bringen oder mich ruinieren. Es konnte mir Euphorie bescheren oder mich in eine Depression stürzen. Jeder Spieler hatte diese zwei, drei Matches, an denen die Karriere vor einer Weggabelung stand und in die richtige oder die falsche Richtung abbog. Himmel oder Hölle. Nichts dazwischen.

Mohammed servierte zwei Asse. Einstand. Ich hatte noch fünf weitere Matchbälle. *Advantage* Hutt. *Deuce. Advantage* Hutt. *Deuce.* Insgesamt sieben Matchbälle. Das reichte unter anderen Umständen für einen Turniergewinn. Ich konnte wenig machen. Einmal verschlug ich eine Rückhand *longline*, weil ich zu früh den Punkt machen wollte. Eine dumme Wahl. Rückhand *longline* war nicht der Schlag, mit dem ich unter Druck punktete. Beim Rest der Matchbälle hatte ich keine Chance. Ich konnte seine Aufschläge nicht returnieren. Es war zum Verzweifeln. Ich war so kurz davor zu gewinnen, und er befreite sich jedes Mal. Zwei Matchbälle wehrte Mohammed mit Assen ab, die er mit dem zweiten Aufschlag schlug.

Wie sollte ich das verarbeiten? Sieben Matchbälle, kein Sieg. Wiederholte sich in Islamabad die Geschichte aus dem Sommer? Wo ich so oft verloren hatte, nach Matchbällen? Musste ich wieder so brutal bestraft nach Hause gehen? Da hätte ich mir lieber vorher meine Klatsche abgeholt. Das wäre grausam gewesen, aber nicht so grausam wie dieses Drama. Zu wissen, dass ich einen Punkt vor dem Paradies stand und mir so kurz davor der Zutritt verwehrt wurde, war ein Albtraum.

Mohammed hielt seinen Aufschlag.

5:5.

Jetzt wanderte der Druck auf meine Seite. Er war schon draußen gewesen, wie ich im zweiten Satz, und hatte sich mit seinen Aufschlägen am Leben gehalten. Er konnte nun nur noch gewinnen. Mohammed wurde locker.

Ich begann mit einem Doppelfehler. Die vergebenen Matchbälle nagten an mir. Ich bekam sie nicht aus dem Kopf. Ich hätte mich am liebsten schon wieder bemitleidet. Dieses Mal sogar mit einem Grund. Stattdessen passierte etwas Fantastisches. Mein Computer schaltete sich ein. Ich spielte die nächsten Punkte rational, ohne Emotionen. Spürte, wie mir die Erfahrungen mit vergebenen Matchbällen vom vergangenen Sommer halfen. Nichts passierte ohne Grund. Danke, Anthony. Im Sommer war ich noch in Panik verfallen. Jetzt blieb ich ruhig. Das Match ging weiter, als wäre nichts passiert. Ich überlegte vor jedem Aufschlag, wohin ich den zweiten, dritten Ball spielen wollte. Das hatte mir Olli im Training in Garching beigebracht. Den Ballwechsel vor dem Aufschlag planen. Es ging auf. Ich spielte smart. Brachte meine ersten Aufschläge ins Feld. Bewegte meinen Gegner.

Game Hutt.

6:5, Hutt.

Mohammed hielt seinen Aufschlag zu null.

Game Malik.

6:6.

Tie-Break.

Der Start war wichtig. Ich wollte alles mobilisieren. Wer im Tie-Break die ersten Punkte gewann, konnte den Gegner demoralisieren. Bloß keinen Fehlstart, dachte ich. Aber Mohammed wollte sich vor seinen Leuten nicht die Blöße geben. Er rannte nach jedem Ball. Er gewann den ersten Punkt, obwohl der Ballwechsel über einige Schläge ging.

Danach schlug er ein Ass.

2:0, Malik.

Ich lag hinten, hatte mir aber nichts vorzuwerfen. Ich glaubte an mich. Seinen nächsten Aufschlag returnierte ich lang auf seine Rückhand. Mohammed spielte einen langsamen, kurzen Slice *crosscourt* zurück. Ich umlief meine Rückhand und schoss meine Vorhand aus der Rückhandecke die Linie hinunter. Vorhand *inside in.* Er war perplex. Damit hatte er nicht gerechnet.

»*Come oooooooonnnn.*«

Zwei Aufschlagwinner.

3:2, Hutt.

3:3.

Seitenwechsel. Mein Shirt und meine Hose klebten an meinem Körper. Die Socken kratzten, sie hatten den grauen Staub des Platzes absorbiert. Ich trank Wasser und zerkaute ein Stück Dextro Energen. Der Traubenzucker half mir, ein treuer Begleiter, immer im Tennisbag. Ein kurzer, sehr nötiger Energieschub.

Mohammed hatte Aufschlag. Er brachte seinen ersten nicht ins Feld. Zweiter Aufschlag, lange Rallye. Ich übertrieb es nicht mit der Geschwindigkeit. Blieb konstant. Gab ihm keinen kurzen Ball, den er hätte angreifen können. Er wurde kurz, ich griff in seine Rückhandecke an, er verschlug den Passierball.

4:3, Hutt.

»*Come oonnnn*, auf geht's jetzt, *vamos*!« Mohammed schlich zum Handtuch am Zaun. Es war leise. Er war leise. Ich spürte, dass ich ihn jetzt ausknocken konnte. Dabei war, ihn zu brechen. Nichts zu riskieren brauchte, ihm aber nichts schenken durfte. Es lag an mir. Ich hatte das Match in der Hand. Ich spielte meinen nächsten Aufschlag in seine Rückhand. Kurzer Return. Den zweiten Ball spielte ich in seine Vorhandecke zum Winner.

5:3, Hutt

Ass nach außen.

6:3, Hutt.

Drei Matchbälle. Ich ging zu meinem Handtuch. Bitte lieber Gott, lass mich diesmal nicht im Stich. Noch einmal Matchbälle vergeben, und ich wäre reif für die Nervenheilanstalt gewesen. Mohammed servierte durch die Mitte auf meine Vorhand und rannte ans Netz. Ich hatte die Ecke geahnt. Blockte den Aufschlag vor seine Füße. Er bekam den Schläger an den Ball, aber sein Halbflugball verhungerte im Netz.

Dieses Gefühl. Wenn Milliarden Endorphine auf einmal in mir explodieren. Wenn man nicht nur gewonnen, sondern überlebt hat. Wenn man sich fühlt, wie im, ja, wie im Paradies.

»Jaaaaaaaaaaaaaaa!!!!!«, schrie ich, reckte die Arme nach oben, den Schläger in der rechten Hand, »mit 38 Jahren das Match gezogen, mit 38 Jahren das Match gezogen!« Ich wusste selbst nicht, was ich sagte, was ich tat.

Ich umarmte Mohammed am Netz. Er wollte mir schnell die Hand geben, war nicht begeistert. Wäre ich auch nicht gewesen. Wozu sollte er diesen schwitzenden Hutt umarmen? »*Great match*«, sagte ich, »*unbelievable match.*« Aber warum sollte er sich darüber freuen? Er hatte gerade eine große Chance vergeben.

Ich bedankte mich beim Schiedsrichter, legte meinen Schläger auf den Stuhl. Dann hörte ich es. Die Zuschauer. Sie klatschten. Konnte das sein? Ihr Mann hatte doch gerade den Krieg verloren. Gegen diesen Schreihals aus Germany. Aber doch, sie klatschten und lachten mich an. Einer kam auf mich zu und gratulierte mir. Ein anderer wollte ein Selfie. Ich vergaß jede Zurückhaltung und lief auf die Tribüne, setzte mich zwischen die Einheimischen. Sie klopften mir auf die Schulter, und wir machten unzählige Fotos. Ich hatte nicht nur das Match, sondern auch neue Freunde gewonnen.

»*Congratulations*«, sagten sie, »*Congratulations!*«

Im Hotelzimmer schrieb ich Eitzi: »Unfassbar. Unbeschreiblich. Schönster Tennistag in meinem Leben!«

Ich schickte Satsche die Geschichte des Matches als Sprachnachricht. Sie war über fünf Minuten lang.

»Siehst du, Feliciano, dafür waren die Matches gut im Sommer«, antwortete er, aber Satsche, ganz Profi, dachte natürlich schon weiter.

»Du kannst dich kurz freuen, aber versuch dich schnell zu regenerieren. Morgen geht es im Quali-Finale um einen Platz im Hauptfeld. Ruh dich aus, iss gut, geh auf die Blackroll«, riet er mir.

Das machte ich dann auch. Ich schlief wie ein Baby.

8. Das Match um die Weltrangliste

Pakistan II, Dezember 2017

Am nächsten Morgen frühstückte ich allein. Julian und Peter schliefen noch. Mein Match gegen Fahad Mehmood Khan war um zehn Uhr auf Court 4 angesetzt. Mein Gegner kam aus Islamabad und hatte sein Erstrundenmatch ebenfalls mit 7:6 im dritten Satz gewonnen.

Ich hatte keinen Muskelkater. Das war sensationell. Nach so einem Marathonmatch wie gestern hätte ich früher drei Tage lang meine Schuhe nicht binden können.

Ich wärmte mich auf dem Zimmer mit ein paar Dehnübungen auf und spazierte dann zur Anlage. Einige der Autos fuhren viel zu dicht an mir vorbei, aber das störte mich nicht. Kommt doch, ihr schwarzen Kühe, kommt und wir tanzen. Es war Sonntagmorgen, der 10. Dezember 2017, und Felix Hutt schwebte. Nichts konnte mir meine Laune trüben. Ich hatte eine Schlacht überstanden. War noch voller Endorphine, die mich in einen Kokon des Wohlfühlens hüllten. Was auch immer heute passieren würde, es würde ein Bonus sein. Ich war schon ein Sieger.

Ich spielte mich mit zwei jungen Russen ein. Oleg und Dmitry. Sie waren Teil einer Trainingsgruppe, die von einem älteren Ukrainer namens Gleb Alekseenko geleitet wurde. Ich verstand mich mit ihnen so gut, dass ich mich mit Oleg für die Doppelkonkurrenz einschrieb. Da wir beide keine Rangliste hatten, kamen wir nicht hinein. Aber immerhin hatten wir es versucht.

Meine Schulter schmerzte ein wenig bei den ersten Aufschlägen, aber das würde sich sicher im Match legen. Ich schmierte meine Achillessehnen mit Wärmesalbe ein. Traf vor der Umkleidekabine Ali, den Bruder vom Soapstar. Er kannte meinen Gegner.

»Wenn du solide spielst, solltest du gegen Fahad gewinnen«, sagte er. Fahad komme aus Islamabad, habe wenig Erfahrung mit wichtigen Matches. Das hätte mich vor ein paar Tagen noch sehr unter Druck gesetzt. Gewinnen-Müssen war ein beliebtes Motiv, um zu verkrampfen. Aber die Zeiten hatten sich geändert. Ich war zu gut drauf, um mich zu sorgen.

»*Thanks*«, sagte ich und lächelte.

Fahad war ein sympathischer junger Kerl mit langen schwarzen Haaren. Er war klein und schlank, würde sicher gut laufen, viele Bälle zurückbringen. Es würde ein anderes Match werden als gegen Mohammed. Neben Platz 4 saß ein einziger Unterstützer. Es war noch früh. Zum ersten Mal schien die Sonne ohne Dunstfilter. Wo gestern noch überall Probleme waren, sah ich heute nur Lösungen. Nichts, was Fahad machte, das merkte ich schon beim Einspielen, machte mir Angst. Er spielte solide, aber ich sah nicht, wie er gegen mich Winner spielen wollte. Ich visualisierte David Goffin, einen meiner Lieblingsspieler. Ein unfassbar ruhiger, talentierter Belgier, der seine Matches ohne Theater gewann. Ich wollte heute keine Energie mit Emotionen verschwenden. Ich stellte mir vor, ich sei Goffin. Das machte mich noch selbstsicherer.

Der Schiedsrichter warf die Münze. *Heads.* Meine Wahl, klar, was auch sonst. Ich wählte Aufschlag.

1:0, Hutt.

Ich breakte Fahad sofort.

2:0, Hutt.

Nach Mohammeds Aufschlägen kamen mir die von Fahad wie in Zeitlupe vor. Ich hatte beim Return viel Zeit. Ich kam in jede Rallye. Er schlug keine Asse und keine Aufschlagwinner. Jedes Mal, wenn er servierte, hatte ich die Chance, ihn zu breaken.

4:1, Hutt.

Fahads Fan, vermutlich sein Vater, wurde immer aufgeregter. Begann ihm Sachen zuzurufen.

»Bitte sagen Sie ihm, dass er während des Matches nicht mit dem Spieler sprechen darf«, sagte ich zum Schiedsrichter.

Eine Arschlochaktion. Unnötig. Ich war so überlegen, dass Roger Federer Fahad Ratschläge hätte zurufen können, ohne dass ihm das etwas geholfen hätte. Aber mein Intervenieren beim Schiedsrichter machte Fahad wütend. Seinen Begleiter auch. Ich wollte sie reizen. Kleiner Psychokrieg, einen großen brauchte ich heute nicht. Fahad machte dann tatsächlich einen Fehler nach dem anderen. Zornig spielte es sich schlecht, das hatte ich selbst oft erlebt.

6:2, 4:1, Hutt.

Fahad ließ den Doktor kommen. Jeder Spieler hatte das Recht auf drei Minuten Behandlungspause. Ein Mann in einem weißen Kittel rannte mit einem Arztkoffer auf den Court. Eigentlich kam in so einem Fall der Physiotherapeut auf den Platz. Nicht in Islamabad. Fahad zeigte auf seine rechte Schulter. Normalerweise rieb der Physio in so einem Fall die Schulter mit einer Salbe ein und gab dem Spieler eine Schmerztablette. Doch das war nicht so ein Fall, und normal war hier sowieso nichts. Der Doktor holte eine Spritze aus seinem Koffer und lud sie mit einer Flüssigkeit.

»*No, you can't do that*«, sagte der Schiedsrichter und erklärte dem Mediziner, dass Injektionen während eines Matches verboten seien.

Mit oder ohne Spritze – Fahad machte keinen Stich mehr. 6:2, 6:1, Hutt.

Ein kurzes »Yes«. Mehr nicht. Ich reichte Fahad die Hand. Dann dem Schiedsrichter. Sachlich, routiniert, ich behielt meine Freude für mich.

Ich war im Hauptfeld.

Noch ein Sieg, und dann war ich in der Weltrangliste.

Als ich vom Platz kam, gratulierten mir viele der Einheimischen.

»*Yesterday, great match*«, sagten sie in ihrem holprigen Englisch, »*you alone win, you alone win.*«

Es hatte sie beeindruckt, dass ich gestern den Widerstand meines Gegners und den der Zuschauer gebrochen hatte. Ich war jetzt ein Prominenter auf der Anlage. Jeder wollte mir die Hand schütteln. Sogar Aqeel Khan, der Tennisheld aus Pakistan, beglückwünschte mich. Vor nicht einmal 24 Stunden wollte ich mein Projekt Weltrangliste beenden und aus Islamabad flüchten. Jetzt stand ich kurz vor meinem Ziel.

Ich ging ins Hotel und aß zu Mittag. Julian und Peter freuten sich für mich. »Wenn ich morgen gewinne, dann lade ich euch ins Serena ein«, sagte ich. Das Serena-Hotel war das Luxushotel von Islamabad. Abends gab es ein teures Büfett, von dem Peter schwärmte, weil ihm jemand davon erzählt hatte.

Wir warteten auf die Auslosung des Hauptfelds, die nach dem Ende des letzten Qualifikations-Matches veröffentlicht wurde. Ich hoffte, dass ich nicht gegen einen der beiden spielen musste. Wir waren doch gerade dabei, Freunde zu werden. Auch den starken Russen Ivan Nedelko wollte ich mir gern ersparen. Oder den Spanier Pere Riba, früher einmal 60. der Weltrangliste. Es gab einige Spieler im Hauptfeld, gegen die ich keine Chance haben würde. Das musste nicht sein.

Dmitry Myagkov.

Mein Gegner war einer der beiden jungen Russen, mit denen ich mich heute Morgen eingeschlagen hatte. Besser hätte ich es nicht erwischen können. Dmitry war ein Qualifikant, wie ich, 17 Jahre jung, ein Rookie, der jeden Abend in der Lobby seine Mutter via Facetime anrief. Uns trennten 21 Jahre, aber morgen, am Montag, würden wir beide um unseren ersten ATP-Punkt kämpfen. Für ihn könnte es der Auftakt zu einer großen Karriere sein. Für mich das große Ende einer kleinen. Es war seine Start- und meine Ziellinie.

Unser Match war auf Court 3 angesetzt, das zweite nach 10 Uhr.

Am Nachmittag trafen die Reaktionen auf meinen Hauptfeldeinzug ein. Die Coaches Eitan und PJ gratulierten aus Südafrika. Sina war stolz auf mich. Eitzi erkundigte sich aus Kuba jedes Mal nach mir, wenn er WLAN hatte. Er hätte nicht gedacht, dass ich so weit kommen würde. Jetzt, im Hauptfeld, hätte er sogar auf mich wetten können. Mein Match wurde bei den Online-Buchmachern angeboten.

Satsche verschwendete keine Zeit. Was für eine geniale Auslosung, Qualifikant gegen Qualifikant. Ich hatte ihm geschildert, wie Dmitry spielte. Dank des Aufwärmens kannte ich seine Stärken und Schwächen. Er war über 1,90 Meter groß, dünn und bewegte sich etwas ungelenk. Guter Aufschlag, solide Grundschläge, beidhändige Rückhand, Rechtshänder. Emotionaler Eiswürfel, keine Gefühlsregungen erkennbar.

»Der wird so nervös sein wie du, Feliciano«, sagte Satsche. »Wenn du dem gleich am Anfang den Zahn ziehst, ihm nichts gibst, dann bricht er ein. Das ist oft so bei jungen Spielern. Die können ihr Spiel noch nicht anpassen, verzweifeln, wenn sie auf Widerstand stoßen.«

Ich stimmte ihm zu. Wie nah war ich gestern gegen Mohammed am Scheitern gewesen. Wie kurz vor dem Abflug. Und jetzt saß ich beim Abendessen mit Julian und Peter und war einer von ihnen. Ein Hauptfeldspieler. Julian erzählte mir, dass man im Hauptfeld mit Balljungen spielte und ich schon 150 Dollar Preisgeld sicher hatte. Das war alles so was von fantastisch.

Ich fühlte mich fit. Ich hatte in meinem letzten Match nicht zu viel Kraft gelassen. Mich mittlerweile an die Konditionen gewöhnt. Morgen würde ich mich mit Julian einspielen, und dann wäre ich bereit.

Ich dehnte mich noch ein wenig, schrieb Sina und ging schlafen. Wachte mitten in der Nacht auf. Lag drei Stunden wach. Ich war so aufgeregt. Noch ein Sieg. Ich machte mein iPhone an. Peter. Peter Gojowcyzk, der bald zu den besten 50 Spielern der Welt gehören sollte, hatte mir eine Nachricht geschickt. Mir Glück gewünscht. Welch Ehre. Freunde schrieben mir, dass sie das Match am Liveticker verfolgen würden. Auch das ging jetzt im Hauptfeld. Ich konnte mich nicht beruhigen. Machte den Fernseher an, schaltete durch alle Kanäle. Machte ihn wieder aus. Stand auf, ging auf die Toilette, immer wieder. Mal sagte ich mir, dass ich zufrieden sein sollte mit dem Erreichten. Dann ermahnte ich mich, dass kein Sportler zufrieden sein durfte. Ich wusste nicht, ob so eine Chance wiederkommen würde. Stundenlanges Hin und Her. Erst als der Morgen graute, schlief ich wieder ein.

Ich schreckte hoch, weil etwas gegen das Fenster schlug. Tock, tock, tock. Ein Geräusch, das ich noch nicht gehört hatte. Immer wieder. Tock, tock, tock. Ich zog den Vorhang zur Seite. Ein Gewitter. Wassermassen vom Himmel.

Es regnete den ganzen Montag. Alle Matches wurden abgesagt. Zwischen Tag und Nacht, Dunklem und Hellem war nicht zu unterscheiden. Ich war auf einmal Lost in Translation. Gefangen im Best-Western-Hotel Islamabad. Gepeinigt vom Tocktocktock des Regens und dem Tickticktick der Uhr über meinem Bett. Es ging nicht mehr nur um Siegen und Verlieren, Aufschläge und Return. Sondern vor allem darum, Zeit zu verbringen. Irgendwie. Ich traf Peter und Julian. Las die Zeitung. In den Murree-Bergen schneite es. Verkehrschaos, Verkehrstote. Zurück aufs Zimmer. Dehnübungen. Leichtes Krafttraining mit dem Theraband. Zwei Stunden Leere vor dem Mittagessen. T.C. Boyle, *Fleischeslust*, Kurzgeschichten vom Lieblingsautor. Mein einziges Buch. Schön einteilen. Nicht mehr als zwei Geschichten pro Tag.

Mittagessen. Immer Huhn, immer Reis, wie damals, als ich auf einem Frachter durch den Suezkanal mitgefahren war, an Somalia vorbei, für eine Reportage über Piraten, die aber nie auftauchten. Mich machte diese Monotonie fertig. Als Tennisspieler war das okay, da brauchte ich Abläufe, Ruhe, Entspannung. Jetzt war mir nur fad. Auf dem Weg zurück ins

Zimmer vorbei an der Tafel, an der der »*Schedule of Play*« und die Abfahrtszeiten des Shuttles hingen. »Wegen Regen sind alle Spiele für heute abgesagt.«

Ich machte einen Plan für das Match gegen Dmitry. Schrieb in mein Notizbuch:

How to beat the Russian:
Das Match nicht überhöhen
Spaß haben
GOFFIN!
Beine bewegen
Faust von Anfang an
Die Punkte konzipieren (Olli!)
SCHLAGEN, NICHT SCHUBSEN
Dreiviertel-Court
Kein Netzball!
LANG!
Oberkörper beim Return nach vorne
Jeder Punkt!
Fokus wie Becker 92!

Ich hatte mir aus Langeweile auf YouTube eines meiner Lieblingsmatches angesehen. Becker–Ivanišević beim Masters 1992 in der Frankfurter Festhalle. So konzentriert wie Becker wollte ich auch spielen. Und die Sache mit dem Dreiviertel-Court, das war ein großartiger Taktiktipp von PJ aus Anthony's Academy in Sea Point. Dreiviertel-Court bedeutete, dass ich mich bei Ballwechseln an der Grundlinie nicht in der Mitte des Platzes, sondern nach links versetzt aufstellte. So machte ich meine Vorhandecke größer, meine Rückhandecke kleiner. Ich konnte aus der Rückhandecke mit meiner

Vorhand das Spiel diktieren. Mein Gegner musste präzise sein, wenn er meine Rückhand anspielen wollte, und entschied er sich für die freie Ecke, dann konnte ich mit meiner Vorhand kontern.

Es regnete auch am Dienstag. Ich hatte wenig geschlafen. Zeit für Islamabad. Ging aber nicht viel. Überschwemmte Straßen. Keine Chance, die berühmte Faisal-Moschee zu sehen. Ich fuhr mit Julian und Peter in ein Einkaufszentrum. Eines für die Reichen, die Expats, die Westerners, alles andere wäre zu gefährlich gewesen. Derselbe Mall-Schrott wie überall. Bis auf die Stände mit den Nüssen. Wirklich toll. Julian und ich kauften Pistazien und Cashewnüsse für die Überwinterung im Hotel. Und der Granatapfelsaft war auch lecker.

Am Abend eine Verabredung mit einem lokalen Journalisten. Ich hielt es nicht mehr aus. Musste raus. Erfahren, was abgeht in diesem Land. »Ich verspäte mich«, schrieb Mohammed aus dem Stau, »bei mir wird gerade geschossen.« Drei Tote auf der Straße vor meinem Hotel. Laut meinem Bekannten gab es einen Streit um die Auslegung der Vorfahrtsregel.

Wir fuhren zu einem afghanischen Restaurant durch das nächtliche Islamabad. Mohammed erklärte mir, dass das Regierungsviertel in der Red Zone, das Geschäftsviertel in der Blue Zone beheimatet waren. In der Blue Zone lag auch unser Ziel. Den Parkplatz bewachten Männer in Zivil. Superduper ausgebildete Topagenten des Geheimdienstes, mir könne nichts passieren, sagte Mohammed. Auf der Straße vor dem Restaurant grillte ein Mitarbeiter Fleischspieße über einem Kohlegrill. Mein Magen bekam eine Erektion. Auf den Tellern dann dampfende Teigtaschen und das Fleisch von den Spießen – Lamm, Rind, Huhn, unfassbar gut gewürzt, und

Tee und viele Männer und ganz wenige Frauen. Ich aß und aß und aß, scharfe Sauce, Knoblauchsauce, Fladenbrot, Dessert, »*very good, yes I want*«, her damit, ich verschlang alles, was mir serviert wurde, wie ein Knacki, der nach vielen Jahren in Haft nicht mehr mit der Gefängniskost vorliebnehmen musste. Leider hörte ich Mohammed nicht wirklich zu, weil in meinem Mund eine Megadisco abging. Er erzählte mir, dass man bei den Afghanen immer gut essen könne, und von den unterschiedlichen Parteien und Auslegungen des Islams erzählte er auch. Seine Landsleute stritten so emotional, sagte Mohammed, weil man in Pakistan keine andere Meinung als die eigene akzeptierte. Jedes Lager – Politik, Religion, Kricket – versuchte das andere von seinem Standpunkt zu überzeugen, und wenn das misslang, wurde es krawallig. Aber ansonsten waren die Pakistanis wirklich liebe Leute. Glaubte ich ihm sofort.

Nach einem kalten Bier traute ich mich im afghanischen Restaurant nicht zu fragen. Niemand trank Alkohol. Hätte 100 Euro für eines gezahlt. Gegrilltes ohne Gebrautes hatte für mich noch nie Sinn gemacht. Dafür fragte ich im Hotel nach meiner Rückkehr meinen Buddy, den Nachtportier. Er schickte mir den Secret Service of Alcohol. Der Hausmeister klopfte an meiner Tür. Mit einem Korb, über den er ein Handtuch gelegt hatte. Im Korb: alles, was Don Promillo begehrte. Ich kaufte drei Dosen Murree-Bier für insgesamt 15 Dollar. Lokale Brauerei, angeblich der Hit. Ich war nun ein Illegaler. Trank aber kein Bier, stellte die Dosen in den Kühlschrank, denn: Felix Hutt, Tennisprofi, bald in der Weltrangliste.

Ich konnte nicht mehr schlafen. Die Nächte nach den Matches waren Selbstläufer gewesen. Ich pennte sofort weg, weil ich so erschöpft gewesen war. Aber nun tat ich den ganzen Tag nichts anderes als essen, trinken, liegen und denken. Mein Körper wollte spielen, aber da ging nichts. Ich dachte an das Match. An die große Chance. Aber auch an meine Realität. Mein vierwöchiger Urlaub ging zu Ende. Mein Rückflug rückte näher. Nie hätte ich gedacht, dass ich Mitte der Woche noch im Rennen sein würde. Petrus, Alter, was stellst du nur an mit mir? Was sollte ich machen? Umbuchen? Ohne Match abreisen?

Und dann diese Gedanken an Dmitry. Einmal war er in meinem Kopf ein Zwerg, den ich nicht zu fürchten brauchte, dann wieder ein Riese, der mich zerstören würde. Ich dachte an seine Schläge, seine Beinarbeit, seine Schwächen. Ich überlegte, wie er, der ein paar Zimmer weiter wartete, mit der Situation klarkam. War er so ruhelos wie ich? Vermisste er seine Mama? Ich träumte von ihm. Er wurde zu meiner Psychose. Wenn ich ihn auf den Gängen sah, suchte ich nach etwas, das mir Mut machen konnte. Nervte ihn das Geduldsspiel? Hustete er, hatte er sich eine Grippe eingefangen bei diesem Sauwetter? Einmal war ich kurz davor, bei den Russen zu klopfen und zu fragen, was es kosten würde, wenn er mich gewinnen ließe. Dann hätte ich meine Ruhe und meinen ATP-Punkt. Und den Rest meines Lebens daran zu knabbern gehabt, dass ich betrogen hatte. Ich kam nicht so gut klar mit schlechtem Gewissen. Ließ es bleiben. Was, wenn ich ihm beim Abendessen ein Bein stellte? Oder ihm eines meiner Biere anbot und dann die Polizei rief?

Es regnete am Mittwoch.

Peter und ich fuhren am Nachmittag zu einem Schneider. Er ließ sich einen Maßanzug aus Tweed machen. Damit wollte er im Kaffeehaus in Wien die Weiblichkeit beeindrucken. Der Goldi war Single. Und der Maßanzug eine Wucht.

Am Donnerstag regnete es nicht mehr. Es war der 14.12.2017, der Geburtstag meines Vaters, der nicht mehr lebte. *Bad Karma Day.* Es hatte sich abgekühlt. Die Plätze sahen aus, als wären sie von einer Schlammlawine begraben worden. Der Supervisor schickte die Arbeiter mit Abziehmatten auf die Plätze. Er hatte ein Problem. Das Turnier musste bis Sonntag über die Bühne gehen. Sie verteilten den grauen Schlamm. Wir wurden auf Court 4 gerufen. Ein Witz. Die Bälle waren sofort mit Feuchtigkeit vollgesogen. Sie sprangen nicht. Überall Mulden und kleine Pfützen. Unbespielbar.

»*Let's play*«, sagte der Supervisor. Und dass die Bedingungen für alle gleich seien, sagte er mir auch noch.

Es sollte ein Fest werden, und es wurde eine Schlammschlacht.

Dmitry entschied sich für Rückschlag. Er breakte mich zu null. Ich bekam keine Geschwindigkeit in meinen Aufschlag. Meine Schläge landeten so langsam auf seiner Seite, als spielten wir mit Softbällen. Dmitry war von seinem Trainer, Gleb, diesem ukrainischen Fuchs, perfekt eingestellt worden. Er spielte nicht, wie in seinen vorherigen Matches, auf Risiko. Er vermied unnötige Fehler, spielte konstant auf meine Rückhand. Sie hatten mich gescoutet. Er wusste, dass meine Rückhand und meine Beinarbeit meine Schwächen waren. Wenn er die Ballwechsel lang hielte, hätte er gute Chancen.

2:0, Myagkov.
2:1, Myagkov.
3:1, Myagkov.
4:1, Myagkov.
5:1, Myagkov.

Ich kämpfte. Das waren nicht meine Bedingungen, aber was sollte ich machen. Böse fighten. Auch wenn sich das heute nicht gut anfühlte. Ich bekam meinen Kopf nicht frei. Ich war dabei, die größte Chance auf die Weltrangliste zu verspielen. Niemand schaute zu, niemand interessierte sich für unser Match.

Ich gab nicht auf, sondern holte auf. Kam heran. Bei 5:4 schlug Dmitry zum Satzgewinn auf. Er wurde nervös. Ich blieb länger in den Ballwechseln. Verschenkte nicht mehr so viele Punkte. Spielte einen klugen Stopp, der auf dem feuchten Boden nicht mehr hochkam.

15:40.

Zwei Breakbälle zum 5:5. Ich verkrampfte. Ein Returnfehler, ein Rückhandfehler, ein guter Aufschlag von Dmitry und noch ein Rückhandfehler von mir.

6:4, *first set*, Myagkov.

Ich realisierte, was passierte, konnte es aber nicht aufhalten. Ich wusste, dass ich unter den Konditionen der ersten Tage wahrscheinlich gewonnen hätte, weil ich viel mehr freie Punkte als heute bekommen hätte. Ich wusste, dass das eigentlich ein super Gegner war, wenn man um seinen ersten ATP-Punkt spielte. Ich wusste aber auch, dass ich auf tiefen, nassen Sandplätzen noch nie gute Ergebnisse erzielt hatte. Dass mein Aufschlag heute niemandem Angst einjagte. Dass mir die vergangenen freien Tage nicht bei der Regeneration geholfen, sondern mich die schlaflosen Nächte geschlaucht hatten. Ich war müde. Ich war platt. Ich spielte, aber hatte mich aufgegeben.

6:4, 6:1, Myagkov.

Am Ende hatte jeder von uns neun Breakbälle gehabt. Ich hatte nur zwei genutzt. Ich nahm Dmitry am Netz in den

Arm. Gratulierte ihm. Darauf war ich stolz. Ich war nicht immer ein guter Verlierer gewesen. Er würde diesen Moment nie vergessen. Sein erster ATP-Punkt. Am Montag zum ersten Mal in der Weltrangliste. Wie gut musste er sich fühlen, wie erleichtert. Ich war froh, dass unser tagelanges Belauern vorüber war.

Ich ging ins Büro des Supervisors. Er zahlte mir 156 Dollar Preisgeld aus. Er gratulierte mir, wir machten ein Erinnerungsfoto.

Ich verließ schnell die Anlage. Ich hatte die Menschen ins Herz geschlossen, mochte jetzt keine sentimentalen Goodbyes. Außerdem musste ich noch auf einen der Flüge nach Abu Dhabi. Die Umbuchung kostete mich fast 500 Euro.

»Das ist Tennisprofileben«, sagte der Goldi, als ich ihm davon erzählte.

Ich verabschiedete mich von Julian und Peter, packte meinen Koffer und ließ mich zum Flughafen fahren. Nach dem tagelangen Regen leuchtete die Stadt. Ich war gerührt, als ich auf den Verkehr sah, die Menschen, die sich durch den Stau kämpften. Wie reich hast du mich beschenkt, Pakistan, und ich war nicht einmal im Murree-Gebirge gewesen. Dank dir konnte ich jetzt sagen: Felix Hutt, ein Hauptfeldspieler.

Vor dem Check-in wäre ich fast verhaftet worden. In Islamabad wurden nicht nur das Handgepäck, sondern auch die großen Koffer kontrolliert. Ein Mann vom Militär fragte mich nach den drei Dosen Murree-Bier, die er auf seinem Monitor sah, als mein Koffer durch das Röntgengerät fuhr. Ich wollte sie als Souvenir mitnehmen.

»Coca-Cola«, sagte ich.

»Coca-Cola?«, fragte er.

»*Yes*«, sagte ich.
»*Sure?*«
Ich nickte.
Er lächelte und ließ mich passieren.

Die Männer von der Security konfiszierten mein Sprungseil aus meinem Tennisbag. Damit hätte man an Bord jemand erdrosseln können, sagten sie. Ich saß am Gate und wartete auf meinen Flug.

»*Hungry?*«, fragte ein Mann, der ein Restaurant betrieb und mit seiner Speisekarte um Gäste warb. Ich schüttelte den Kopf.

Ich wusste nicht, was ich von dieser Woche halten sollte. Meine Gefühle waren zwiegespalten. Ich freute mich über das Erreichte. Und hatte Angst, dass ich nie wieder so eine Chance bekommen könnte. Was, wenn das Match gegen Dmitry meine einzige Gelegenheit gewesen war, in die Weltrangliste zu kommen?

Ich wusste auch nicht, ob ich wiederkommen würde, in dieses Land mit seinem schlechten Image und seinen warmherzigen Menschen. Von dem ich viel zu wenig gesehen hatte, um mir eine Meinung zu bilden. Pakistan, dachte ich, als das Flugzeug in den Nachthimmel über Islamabad abhob, wir beide haben eine zweite Chance verdient.

9. Winterkrise

München, Winter 2017/2018

Der nette indische Assistenzarzt in seinem weißen Kittel drückte mir die Spritze in den Arm. Das Kontrastmittel floss in meine Blutbahn.

»So, dann wollen wir mal, bitte hinlegen«, sagte er, drückte einen Knopf, und ich wurde in die Röhre gefahren.

Computertomografie. CT. Magnetische, tiefe Töne, Beats wie im Berghain. Dunkelheit, Platzangst, Atemnot, aber durchhalten, schließlich brauchten wir die Bilder von meiner rechten Schulter. Die fühlte sich gar nicht gut an.

Was hatte ich nicht alles vorgehabt, nach meiner Rückkehr aus Pakistan. Ich wollte Hallenturniere in Deutschland spielen, um meine Rangliste weiter zu verbessern. Nach dem tollen Ergebnis von Islamabad gehörte ich nun zu den besten 500 Spielern in Deutschland. Felix Hutt, DTB 492, Leistungsklasse 1 – endlich nicht mehr Suppe. Ich wollte jeden Tag an die Isar und eine beinharte Ausdauervorbereitung für das nächste Jahr absolvieren. Weiter mit Volker an meiner Fitness arbeiten und mich von Franzi beweglich machen lassen. Mit Satsche mein Spiel verbessern und mit Olli und Maxi viele Trainingsmatches spielen. Und natürlich mit Eitzi bei ein paar Augustinern die Turniere für 2018 planen. Indien, Guam, Usbekistan, Uganda – überall gab es Buschpunkte zu gewinnen, die auf mich warteten. Ich hatte sogar zum ersten Mal in meiner Karriere einen Ausrüstervertrag. Ich würde in Zukunft in einheitlicher Kleidung auflaufen, weil der Firma Head mein Projekt so gut gefiel, dass sie mich ausstattete.

Aber als ich beim ersten Training mit Olli aufschlagen wollte, spürte ich einen Stich in der rechten Schulter. Es fühlte sich an, als sei ein Nerv unter meinem rechten Schulterblatt eingeklemmt. Die Schmerzen waren bereits in Pakistan aufgetreten, aber die Gedanken an die Weltrangliste hatten sie verdrängt. Es tat sehr weh. Ich konnte nicht aufschlagen und musste das Training abbrechen.

»Sie haben einen Sehnenriss unter dem rechten Schulterdach«, sagte der Arzt, als er die Scans vom CT auf seinem Computer ansah, »eine Folge von Überbelastung. Die Sehne muss sich regenerieren. Ich rate Ihnen, ein halbes Jahr Pause zu machen.«

»Ich bin am Ende«, sagte ich zum Eitzi.

Wir waren im Wirtshaus. Das erste Bier stand noch nicht auf dem Tisch.

»Warum denn? Was du erreicht hast, ist doch sensationell, Huttinger«, sagte er.

»Meine Schulter ist im Arsch. Gerade jetzt, wo es so gut lief, wo ich meine Fortschritte spüren konnte.«

»Die ist sicher nur überlastet. Jetzt machst Pause, gehst zum Arzt und zur Physio, dann geht es bald wieder. Ein bisschen Runterkommen tut dir gut, Huttinger.«

Ich ging zu vier Sportmedizinern, den besten, die München zu bieten hatte. Es musste eine Lösung geben, ich musste bald wieder auf den Platz. Jeder riet mir etwas anderes. Keiner riet mir, in den nächsten Monaten zu spielen. Einer spritzte mir Cortison in die Schulter. Ein anderer wollte mich sofort operieren.

»Ihre Sehne ist wie ein Bündel Draht. Viele Stränge sind bereits gerissen, deswegen fühlt sich Ihr rechter Arm so kraftlos an. Wenn Sie weiterspielen, riskieren Sie, dass die Sehne durchreißt«, sagte ein Professor, Koryphäe für Schulteroperationen, zu meiner Verletzung.

Ich verkroch mich über Weihnachten in unserer Wohnung. Kein Training. Zwangspause. Eine Woche. Zwei Wochen. Vier Wochen. Ein fieser Grippevirus reiste durch Deutschland. Er besuchte mich zweimal. Beim zweiten Mal blieb er drei Wochen. Notaufnahme, Infusionen, Antibiotika, Schmerzmittel. Ich war so schlecht drauf, dass ich mir jede Disziplin der Olympischen Winterspiele im Fernsehen anschaute. Sogar irgendetwas mit Parallel-Snowboard-Slalom.

Sechs Wochen ohne Tennis. Ich meldete mich für Turniere an. Sagte wieder ab. Meldete mich an. Sagte ab.

War's das?

Mein Freund, der Physiotherapeut Christian Blankl aus meiner Mannschaft, schickte mich zu einem Doktor, der mir Nadeln in die Muskulatur um die gerissene Sehne stach. Er hatte die weißesten Zähne, die ich je gesehen hatte. Und war total nett. Bis er dann mit seinen Nadeln, etwas länger als die, die man für Akupunktur verwendete, ankam. Wenn man den Muskeln um die Verletzung die Spannung nahm, so seine These, nahm man der angeschlagenen Sehne den Druck. Die Nadelstiche waren böse, aber das Ergebnis gut. Die Schmerzen ließen nach.

Noch einmal CT. Die Sehne sah besser aus, war aber noch lange nicht verheilt.

»Ich rate Ihnen, geduldig zu sein, Herr Hutt«, sagte der Arzt. Geduldig? Ich? *No chance*, Herr Doktor.

Physiotherapie, Schmerzmittel, Nadeln. Ein schlechter, unausgeglichener Ehemann. Physiotherapie, Schmerzmittel, Nadeln. Kein Training, kein Turnier. Augustiner. Gewichtszunahme.

Winterkälte, Winterkrise.

Am 1. Februar 2018 wurde ich 39 Jahre alt. Wir feierten mit Gyros und viel zu viel Ouzo. Gab es einen Tennisspieler, der älter war als ich, und es zum ersten Mal in die Weltrangliste geschafft hatte? Oder einen fetteren? War ich ein Fall für das *Guinness-Buch der Rekorde*?

Fuck it.

Ich musste es riskieren. So konnte es nicht weitergehen. Wenn sie reißen würde, würde sie eben reißen, die blöde Sehne. Aber so wollte ich mein Projekt nicht beenden. Felix Hutt, auf dem Weg in die Weltrangliste in Selbstmitleid ersoffen.

Kurz nach meinem Geburtstag fing ich wieder an zu trainieren.

Interessant war das schon. Da dachte ich mein ganzes Tennisleben, ich wäre von meinem Aufschlag abhängig. Aber dann verschwanden die Asse und die Servicewinner, weil ich mit meiner verletzten Schulter nicht mehr so hart aufschlagen konnte, und auf einmal funktionierte das, was zuvor nicht funktioniert hatte, weil es nun funktionieren musste. Ich kompensierte den Verlust mit Schlägen, die ich mit wenig Wertschätzung bedacht hatte. Rückhand. Return. Komisches Tier, dieser Mensch, oder?

Ich war schmerzfrei bei allem, was sich unter Schulterhöhe abspielte. Vorhand, Rückhand, Volleys, Return. Alles darüber, Aufschlag, Schmetterball, tat weh. Der Schmerz kam in verschiedenen Nuancen. Mal fühlte er sich an, als schlage mir jemand die Faust auf den Oberarm, mal, als steche mir der Doktor mit den weißen Zähnen bei jedem Schlag seine Nadel in die Schulter. Bei Kälte und mit schweren Bällen war es am schlimmsten. Je länger ein Training dauerte, je wärmer die Schulter wurde, desto weniger spürte ich die angerissene Sehne. Im Match vergaß ich sie manchmal sogar. Dafür meldete sie sich dann danach umso intensiver. Um sie ein wenig zu entlasten, schlief ich nur noch auf meiner linken Schulter.

Ich war vor der Verletzung ein One-Two-Puncher gewesen. Starker Aufschlag – One – zweiter Schlag zum Winner – Two. Kurze Punkte. Ging nicht mehr. Ich kam beim Aufschlag nicht mehr auf die Geschwindigkeit. Musste vermeiden, viele zweite zu spielen, denn die waren angreifbar. Ich servierte jetzt beim ersten häufig auf Quote. Versuchte viele erste Aufschläge platziert ins Feld zu bringen. Mein Gegner sollte mich nicht mit seinem Return sofort angreifen können.

Ob ich wollte oder nicht, ich musste nun über die Ballwechsel meine Punkte gewinnen. Freie, schnelle Punkte bekam ich nicht mehr. Ich musste abwartender, überlegter, geduldiger spielen, auf einen kurzen Ball oder einen Fehler meines Gegners hoffen. Und ich musste bei jedem meiner Returnspiele versuchen, ein Break zu schaffen, denn ich würde immer wieder Probleme haben, meinen Aufschlag zu halten. Die Breaks, die ich kassierte, musste ich ausgleichen. Bisher hatte ich mich auf meine Aufschlagspiele verlassen können. Ein Break, und ich servierte den Satz aus, schenkte viele Returnspiele ab. Das war vorbei.

Nach sechs Wochen Training fühlte ich mich turnierreif. Ich hatte mir aus der Not eine neue Strategie geschaffen. Böse fighten war keine Floskel mehr, sondern Alltag. Ohne Kampf und Improvisation kein Erfolg. Der Angriffsspieler Hutt war ein Allcourt-Spieler geworden. Beständiger als je zuvor. Meine Rückhand spielte ich konsequent *crosscourt*. Lang und konstant an die Grundlinie meines Gegners, oder mit einem Winkel kurzcross. Sie war solide, mein Slice sogar eine Waffe geworden. Ich hielt ihn sehr flach, spielte ihn ohne Tempo, damit konnte niemand etwas anfangen. Der Return war zu meinem neuen Lieblingsschlag geworden. Man brauchte für einen guten Return Antizipation und Reaktion. Beides konnte man trainieren. Ich stand im Feld, nahm die Bälle sehr früh und setzte meine Gegner unter Druck, wenn die über ihre zweiten Aufschläge kommen mussten. Ich versuchte konsequent mit meinen Rückschlägen zu attackieren. Return machte mir großen Spaß. Am geilsten fand ich, wenn ich einen schnellen Aufschlag meines Gegners satt traf und der Ball genauso schnell wieder auf der anderen Seite einschlug.

»Möchtest du Ostern ein paar Tage mit mir verreisen?«, fragte ich Sina. »Ich möchte bei einem Turnier testen, ob meine Schulter hält.«

»Nein«, gab sie zurück.

10. Gefangen im Sunrise-Resort

Türkei, Ostern 2018

Wo sollte ich hin? Ich hatte nur ein paar Tage frei. Für eine Fernreise reichte die Zeit nicht. Das machte auch keinen Sinn. Einmal um die Welt fliegen, ohne zu wissen, ob ich ein Match durchhalten würde. Ich musste erst mal ausprobieren, wie ich mit meinem Handicap in einem Turnier klarkam. Wie belastbar meine Schulter im Ernstfall war. Schließlich hatte ich seit Pakistan kein Turnier mehr gespielt.

Ich entschied mich für ein Future in der Nähe von Antalya. In Side an der türkischen Mittelmeerküste fand jede Woche ein Turnier in einem Ferienresort namens »Sunrise« statt. Es gab ein großes 64er-Qualifikationsfeld, in das ich ohne Probleme hineinkommen sollte. Der Flug kostete nicht viel. Die Plätze waren auf der Anlage, die Wege kurz.

Ich landete trotz meiner schicken neuen DTB-Rangliste weit hinten auf der *Alternate List*. Ich schrieb an die Turnierleitung. Dieses Mal würde ich nur anreisen, wenn sie mir schriftlich eine Wildcard zusagten. Ich hatte aus meiner Erfahrung in Südafrika gelernt. Wenn ich im Spielerhotel übernachten würde, dann bekäme ich eine Wildcard, antwortete eine namenlose Mail. Unter den englischen befanden sich kyrillische Buchstaben. In der Türkei urlaubten nicht nur sehr viele Russen, sie spielten hier auch Tennisturniere.

»Hüte dich vor den jungen Russinnen«, schrieb mir Peter, der Goldi, mein Wiener Freund aus Pakistan, in einer WhatsApp. Er hatte in der Türkei schon öfter gespielt. Im Sunrise-Resort wurden Turniere für Männer und Turniere für Frauen ausgetragen. Alle auf der gleichen Anlage, die ganze Zeit. Da, meinte Peter, gehe es eben drunter und drüber.

Eitzi brachte mich zum Flughafen. Das fand ich so nett, dass wir ein Foto miteinander machten. Wir waren keine Selfianer, aber das musste sein. Eitzi haderte oft mit den Erscheinungen des Zeitgeists. Er war in keinem sozialen Netzwerk. Von Karotten-Kürbiscremesuppen hielt er so viel wie von Mandelmilch – nichts. Dass Menschen die Konsequenzen ihres Handelns berechnen wollten, um eben die Konsequenzen möglichst risikolos zu halten, ging ihm auf den Sack. Ich sagte oft, wir wären in den 80er-Jahren besser aufgehoben gewesen, der Eitzi und ich, und er widersprach mir nicht.

Der Flug dauerte drei Stunden. Neben mir saßen zwei schwäbische Pauschaltouristen. Bierchen, und noch eins, und schon mal planen, wen sie am Abend in der Disco alles abschleppen würden. So laut, dass ich es nicht überhören konnte. Glückwunsch an die Glückliche.

Zwei freundliche ältere Fahrer vom Hotel holten mich ab und fuhren mich eine Stunde durch den Süden der Türkei. Sie redeten sehr angeregt. Zum Glück nicht mit mir. Ich schaute aus dem Fenster und dachte, wieder ein Land, das ich nur auf dem Tennisplatz kennenlernen würde. An den Straßen hing sehr oft das Konterfei Erdoğans auf großen Plakaten. Die Straßen waren in tollem Zustand, wie gute deutsche Autobahnen, nachdem sie geteert worden waren.

Es war dunkel, als wir vor einem riesigen Bau ankamen, dem Sunrise-Resort. Das Hotel war ein Betonpalast, den sie irgendwo in der DDR abgebaut und hier an der türkischen Riviera wieder aufgebaut haben mussten. Unfassbar hässlich. Von irgendwo rauschte das Meer, und mit Meeresrauschen bekam man mich immer. Machte gleich gute Gefühle. In der Empfangshalle, so groß, dass man darin einen Parteitag hätte abhalten können, saß ein älterer Herr, der mich auf Deutsch einwies.

»Meine Wildcard nicht vergessen, so wie Sie mir das versprochen haben«, sagte ich.

»Keine Sorge, junger Freund«, sagte er, »aber erst mal zahlen bitte.«

Ich zahlte, 93 Euro pro Tag kostete der Spaß, dafür war alles inklusive, nur die Siege nicht.

Im Speisesaal saßen junge Menschen in Sportklamotten. Brasilianer, Italiener, Russinnen. Ein Franzose mit seinem Coach, sicher fünf Jahre jünger als ich. Der Coach, nicht der Spieler. Zu Hause bereitete man sich auf Ostern vor, und ich aß Huhn mit Reis und trank Wasser. Die Spieler sprachen nicht miteinander, sie guckten auf ihre Mobiltelefone. Sie hielten ihre Smartphones in der linken Hand, ihre Gabeln in der rechten, und schaufelten das Essen in sich hinein, ohne es dabei anzusehen. Einige flirteten miteinander, das erfuhr ich später. Sie schrieben sich Nachrichten, obwohl sie wenige Meter auseinander saßen. Auf meinem Zimmer scheiterte ich beim Versuch, türkisches Fernsehen zu schauen, und schlief ein.

Am nächsten Morgen wollte keiner mit mir trainieren. Die Anlage war endlos. Überall Plätze und Gestöhne. Ich lief drei Spielerinnen hinterher, wollte sie fragen, ob sie mich als vierten Trainingspartner brauchen konnten. Sie verließen die Anlage, ich folgte ihnen, aber sie hatten schon trainiert, gingen zurück zu einem anderen Resort, wo sie untergebracht waren, weil ihnen das Sunrise-Resort zu teuer war. Dort gab es eine Badelandschaft, mit Rutschen und Wasserkarussells, aber niemand war da, der sie benutzte, nur ich stand blöd herum und wusste nicht, was ich hier machte. Ich drehte ein Video, löschte es wieder und kaufte mir auf dem Rückweg in einer Drogerie gewachste Zahnseide für fünf Euro. Immer vergaß ich die Zahnseide.

Am Nachmittag spielte ich mit Sabit, einem jungen Serben, weil sein Trainer keine Lust hatte, mit ihm Bälle zu schlagen, sondern lieber in sein Mobiltelefon guckte. Es war meine erste Einheit auf Sand. Das erste Training war immer sehr lustig, weil mir nach der Hallensaison alles wie in Zeitlupe erschien. Die Bälle kamen unglaublich langsam bei mir an, und ich traf sie nie zu spät. Dieses Gefühl verflog nach einer halben Stunde. Sabit war ein Linkshänder und sprach nicht mit mir. Dafür ertönte aus den Minaretten Gesang, der mich an Pakistan erinnerte. Ich freute mich und schlug einen Vorhandwinner, *longline*, weil mich die Gedanken an Pakistan beseelten. Dann kamen zwei Spanier und sagten, sie hätten den Platz gebucht. Wir mussten aufhören. Beim Abendessen passierte nichts, dafür war die Auslosung toll. Mein Gegner war Gleb Alekseenko, einer der beiden ukrainischen Zwillinge aus Pakistan. Er hatte Dmitry so gut gecoacht, dass der mich im Spiel um meinen ersten ATP-Punkt geschlagen hatte. Gleb war ein Oldie, wie ich, ein sehr ehrgeiziger. Dass er auch ein Betrüger war, konnte ich noch nicht ahnen. Gleb wurde ein paar Monate später wegen Spielmanipulation zu 250 000 Dollar Strafe verurteilt und lebenslang gesperrt. Manipulieren konnte er morgen nicht, unser Qualifikationsmatch wurde bei keinem Wettanbieter angeboten.

Ich schrieb Satsche, und der schrieb mir, dass ich kämpfen sollte. Er erwartete nicht viel von dem Turnier. Es war stark besetzt, wurde auf Sand ausgetragen, und mit meiner lädierten Schulter waren meine Chancen nicht gestiegen. Satsche war kein Träumer, sondern ein Pragmatiker.

Das Match war am nächsten Tag auf Court 13 angesetzt. Der Platz lag neben dem Parkplatz. Das war gut, niemand würde uns beachten. Während ich wartete, schaute ich einem Türken namens Cem zu, er war wirklich flink. Und Agnes schaute ich auch zu, einer kleinen Ungarin, die so schnell und konstant spielte, dass ich mich fragte, wie viele Spiele ich wohl gegen sie machen würde. Sie hatte lila Haare und fluchte immer mal wieder, ich nehme an, es war Ungarisch. Ich hätte zehn Euro gezahlt, um zu erfahren, was sie sagte.

Meine Erwartungshaltung war so niedrig, dass mir nach dem Mittagessen etwas Sensationelles gelang. Ich schlief für eine Stunde. Am *Matchday*. Undenkbar, eigentlich. Normalerweise war ich so nervös, dass ich nichts essen konnte.

Ich fand niemanden zum Einspielen und ging an die Tennismauer. Nach drei Minuten an der Mauer hörte ich auf, weil ich mich peinlich fand. Niemand spielte heute noch an Tennismauern. Das war uncool. Ich dehnte mich auf der Wiese und zog meine neuen Head-Klamotten an. Shirt, Hose, Socken, Schweißbänder, alles einheitlich, neueste Kollektion, wie ein Profi.

Gleb begrüßte mich mit einem lässigen Handschlag. Wir

schäkerten vor dem Schiedsrichter herum. Wer Pakistan überlebt, dem kann nichts mehr etwas anhaben, haha. Die Atmosphäre war entspannt, wie bei einem Trainingsmatch. Nur in meinem Kopf war nichts mehr entspannt. Dieses Match würde mir zeigen, ob es sich lohnte, weiterzumachen. Es ging nicht ums Ergebnis, sondern um meine Gesundheit. Die Partie war der erste Test nach dem GAU mit meiner Sehne. Wären die Schmerzen zu groß, wäre es das gewesen für Felix Hutt und seinen Traum von der Weltrangliste.

Ich gewann die Wahl und entschied mich für Return. Nahm Gleb sofort den Aufschlag ab. Verlor meinen im nächsten Spiel. Meine neuen Stärken funktionierten, meine neuen Schwächen zeigten sich leider auch. Bis zum 5:5 breakte ich ihn viermal und gewann nur ein Servicegame. Mit vier Breaks hätte ich vor ein paar Monaten das Match gewonnen. Ich versuchte viele Kickaufschläge, wollte sie sicher ins Feld bringen, aber die Aufschläge kickten nicht. Sie tropften wie traurige Pflaumen vor Gleb auf. Er konnte sie angreifen. Mich schon mit seinem Return unter Druck setzen. Ich hatte Angst, wollte die Schulter nicht überbelasten, zog nicht durch. Gleb hielt seinen Aufschlag. Es stand 5:6. Bei 30:40 im nächsten Spiel hatte er Satzball. Ich machte einen Doppelfehler.

5:7, *first set*, Alekseenko.

Ich lag schnell 2:5 im zweiten Satz zurück. Auf dem Nebenplatz wärmte sich eine Spielerin auf. Glebs Schützling, sie würde gleich mit ihm trainieren. Wie demütigend. Nach unserem Match würde er unterrichten, während ich mich ausruhen musste. Der Schiedsrichter sagte einem Kollegen, dass er bald Feierabend habe. Das regte mich alles auf. Ich holte auf.

3:5, 4:5, 5:5.

Ich servierte konstanter. Meine Vorhand schlug ein ums andere Mal bei Gleb ein. Ich bestimmte das Spiel. Dominierte aus der Rückhandecke. Drückte ihn hinter die Grundlinie. Streute Stoppbälle ein. Ich spürte, dass mein Haus, das ich seit über einem Jahr gebaut hatte, durch die Verletzung nicht zerstört worden war. Ich war ein reiferer, kompletterer Spieler geworden. Ich hatte keine Angst mehr vor langen Ballwechseln. Ich konnte sie mitgehen, auch hier auf Sand, und war beim nächsten Punkt wieder fit. Ich merkte, dass meine Reise in dieses bescheuerte Sunrise-Resort sinnvoll gewesen war. Sie gab mir den Glauben zurück, den Glauben, es schaffen zu können. Mit meiner Schulter, mit meinem Spiel.

40:0 bei meinem Aufschlag. Ich überdrehte. Ging Risiko, verschlug eine Vorhand, machte zwei Doppelfehler. Gleb nahm mir den Aufschlag ab, hielt seinen.

5:7, 5:7. *Game, Set and Match*, Alekseenko.

Eine knappe Zweisatz-Niederlage gegen einen zähen, erfahrenen Gegner. Praktisch ohne Aufschlag, meinen besten Ex-Schlag. Ich hatte verloren, aber viel gewonnen. Am Abend trank ich an der Bar ein Bier mit Agnes, der Ungarin. Sie sagte, es wäre hilfreich, wenn ich auf das Bier die nächste Zeit verzichten würde. Ihre Freundin lieh sich den Schlüssel für ihr Zimmer. Sie wollte mit einem Brasilianer ein wenig durch ihre Briefmarkensammlung stöbern. Ich versprach Agnes, das Bier wegzulassen, und bestellte mir noch eines. Auf dem Rückflug plante ich mein Training für die nächsten Wochen. Die Türkei sollte die Ouvertüre für mein großes Finale gewesen sein.

11. Die auf dem Vulkan tanzen

Israel, April 2018

Ich kam am 18. April 2018 in Tel Aviv an. Es war Mittwochabend, und Israel feierte seinen Unabhängigkeitstag. Das wusste ich natürlich nicht, denn wir Tennisprofis waren ziemlich ignorante Bastarde. Auf diese Station meiner Reise freute ich mich besonders. Ich hatte so viel Gutes über Israel gehört. Alle schwärmten von der Schönheit des Landes, seiner Vielfalt, dem Essen, und wenn die Schwärmereien von männlichen Freunden kamen, dann hieß es oft, so schöne Frauen wie in Israel gäbe es nirgendwo sonst auf der Welt.

Bevor es um Schönheit ging, ging es bei Budget-Cars erst mal um einen Mietwagen. Der freundliche junge Mann hinter dem Schalter schickte mich mit meinem Gepäck einmal über den Flughafen zum Parkplatz, wo ein Auto mit platten Reifen auf mich wartete. Zurück zum jungen Mann, die erste Stunde im schönen Israel mit Bullshit verschwendet, neuer Schlüssel, neues Auto, dann die große Frage: Wo ist die Ausfahrt? Und wer kann hebräische Schrift lesen? Antwort: Der Hutt nicht.

Nach einer weiteren Stunde und zwei Fast-Unfällen im Gegenverkehr auf dem Flughafengelände fuhr ich endlich Richtung Tel Aviv. Ich verließ die Autobahn, bog Richtung Zentrum ab. Aus den Autos dröhnte Musik, Flaggen hingen vor den Fenstern. Es war dunkel, aber alles leuchtete. Alte, Junge, Männer, Frauen, das ganze Land schien auf den Beinen zu sein. Auf einer großen Verkehrsinsel stand ein Bus, auf dessen Dach riesige Lautsprecher montiert waren. Weiß gekleidete, orthodoxe Juden tanzten zu einem bösen, sehr basslastigen Technobeat. Sie sprangen auf und nieder, lachten und machten den Eindruck, als hätten sie sehr gute Pillen eingeschmissen. Jemand erklärte mir später, dass sie eine Art Sekte der guten Laune waren, immer gut drauf. Happy Jews. Einer der Gutgelaunten kam auf mich zu, wollte mir einen Flyer durchs Fenster reichen, aber die Ampel schaltete auf Grün, und ich fuhr weiter.

Je näher mich Google Maps zu meiner Airbnb-Wohnung in der Dizengoff Street im Stadtteil Jaffa lotste, umso fröhlicher wurde es um mich herum. Aus jedem Lokal, aus jeder Bar quollen Menschen, die tanzten und sangen, und viele von ihnen hatten wenig an, weil es auch nachts so schön warm war. Ich parkte bei einem Einkaufszentrum und trug meine Taschen in das Apartment. Am liebsten hätte ich geduscht und mich sofort in diesen Rave gestürzt, aber in ein paar Stunden stand das erste Training an, mit Noam Behr, einem ehemaligen Profi, und seinen Nachwuchsspielern. Ich verzichtete, wie so oft in letzter Zeit. Ich konnte nicht sagen, ob der liebe Gott auf Tauschhandel stand oder nicht, aber er musste mich doch bitte bald mit einem Weltranglistenplatz belohnen für diese Selbstdisziplin. Tel Aviv feierte, und ich ging ins Bett.

Als ich am nächsten Morgen zur Tennisanlage am Stadtrand fuhr, feierte Tel Aviv noch immer. Mamba Point hieß die After-Hour-Freiluft-Disco neben den Plätzen. Auf einer großen Wiese tanzten Hunderte von Feierbiestern. Sie tranken, rauchten Gras, und viele knutschten auch. Mann, ich hatte so gar keinen Bock auf Tennistraining, aber es half ja nichts. In drei Tagen begann die Qualifikation. Noam begrüßte mich kurz. Er war vor einigen Jahren unter den Top 100 der Welt gewesen.

»Wahnsinn, diese Stimmung, diese Party hier, wie toll«, sagte ich.

Noam sagte nichts. Er war wohl etwas skeptisch, verstand nicht, was dieser deutsche Typ hier wollte. Er leitete eine Leistungsakademie für Jungprofis. Von denen redete niemand über Party, zumindest nicht vor Noam. Dann testete er mich auf dem Platz.

Wir schlugen eine Viertelstunde Bälle durch die Mitte. Ich fühlte mich sofort wohl. Noam gab mir einen super Rhythmus. Er machte keinen Fehler. Die Hartplätze waren schnell und erinnerten mich an meine Zeit im College in den USA. Auf Hartplatz hatte ich immer gut gespielt. Die Bälle versprangen nicht. Wer gut aufschlug und gut returnierte, wurde auf Hartplatz belohnt. Es war nicht so eintönig wie auf Sand, wo es oft nur um Ausdauer und Geduld ging.

Nach dem Einspielen teilte mir Noam einen schwarzhaarigen, durchtrainierten Nachwuchsspieler namens Oz zu. Wir spielten einen Satz, den ich 6:3 gewann. Meine Schulter schmerzte nicht. Das warme Wetter schien ihr gutzutun. Oz sprach sehr gutes Englisch und lud mich für den nächsten Tag zum Sabbat-Abendessen bei seiner Familie ein. Mich begeisterte sofort, dass Noams Spieler nicht nur gute Sportler, sondern auch gute Schüler und Studenten waren. Sie waren offen, gebildet und hatten etwas zu erzählen. Nach meinen Erfahrungen im Speisesaal in der Türkei tat das hier richtig gut. Manieren und Leistung schlossen sich nicht aus, anscheinend waren nicht alle jungen Spieler stumpfe Handy-Starrer.

Aber nicht nur mit den israelischen Spielern verstand ich mich auf Anhieb. Auch mit dem Turnierleiter, Yona, war alles anders als bei den Turnieren zuvor. Yona hatte sich in den E-Mails immer erst nach meinem Wohlbefinden erkundigt. Alles, was ich an Problemen sah, löste er mit wenigen Sätzen auf. Keine Sorge, im 64er-Qualifikationsfeld sei genug Platz, ich käme sicher zum Spielen. Yona hatte mir auch Noam empfohlen, als ich nach einer Trainingsgruppe gefragt hatte. Er hatte mir geraten, gleich einen Monat in Israel zu bleiben, auch noch andere Future-Turniere hier zu spielen. Ich hatte dank Yona von Anfang an das Gefühl, in Israel willkommen zu sein.

Nach dem Training erkundete ich mein Viertel. Die Dizengoff Street war eine angesagte Straße, unter meiner Wohnung befand sich eine Galerie. Ich spazierte eigentlich ungern, aber in Tel Aviv lernte ich es zu lieben. Ich holte mir einen frisch gepressten Granatapfelsaft und lief ziellos durch die Stadt. Hipster fuhren auf E-Bikes durch die Straßen, in den Cafés saßen die Verkaterten der letzten Nacht. Jede Ethnie dieser Erde schien in Tel Aviv vertreten zu sein. Auf den Wiesen in den vielen kleinen Parks wurde gegrillt. Die Sonne brannte herunter, und ich gelangte an den Strand. Wie schön, Tel Aviv, dachte ich, was hast du eigentlich noch alles zu bieten?

Ich bekam einen Platz auf der Terrasse eines jüdischen Restaurants. Neben mir saß ein Glatzkopf, ein Amerikaner, der für die Air Force arbeitete. Zumindest sagte er das, während ich Suppe mit Matzeknödeln schlürfte. Diese Matzeknödel und das sauer eingelegte Gemüse, das mochte ich besonders gern. Der Amerikaner erklärte mir, welchen Aufwand das israelische Militär betrieb, um Israel vor Angriffen zu schützen. Von überall drohe Gefahr, aber Israel sei in der Lage, jede noch so krasse Rakete abzuwehren. Die jungen Leute hier, die leisteten gern ihren Militärdienst, und die Besten, die kämen zur Luftwaffe. Ich stellte keine Fragen, weil ich von Militär keine Ahnung hatte. Und weil ein Gulasch auf den Tisch kam, das meine volle Aufmerksamkeit verdiente.

Militär, Krieg, Muslime gegen Juden, Juden gegen Muslime, guter Gazastreifen, böser Gazastreifen – diese Themen wollte ich eigentlich vermeiden. Wenn man von einem Konflikt zu wenig verstand, sollte man ihn nicht beurteilen. Aber man entkam diesen Themen hier nicht. Immer wieder flogen die Kampfjets über Tel Aviv, heulten Sirenen. Ich sah junge Leute in Soldatenuniformen, die mit ihren Gewehren an Bushaltestellen warteten. Die Gesellschaft war politisiert, überall wurde diskutiert. Man las Zeitungen, im Fernsehen gab es Debatten. Ich verstand nichts, aber auch wenn der Anlass für die Politisierung ein trauriger war, empfand ich das Interesse an tiefergehenden Themen als wohltuend.

»Wir feiern das Leben, weil wir wissen, wie schnell es vorbei sein kann«, sagte Amir am nächsten Vormittag zu mir.

Amir war der Bekannte einer Freundin aus München. Sie hatte mir empfohlen, mich mit ihm zu treffen, weil er sich gut auskannte, ein lustiger Kerl war. Tatsächlich redete Amir gern, und unterhaltsam war er auch. Das lag auch daran, dass zu seinem Alltag einige außereheliche Affären gehörten, was alles natürlich noch viel spannender machte. Er lenkte mich mit seinen vielen Geschichten vom Tennis ab.

Wir fuhren nach Jerusalem. Das musste ich sehen. Weltrangliste hin, Weltrangliste her. Ich lenkte den Mietwagen, und Amir redete. Der Himmel war staubig braun. Wir durchquerten eine wüstenähnliche Gegend. Nach einer guten Stunde tauchte die Heilige Stadt auf einer Anhöhe auf. Jerusalem kam mir vor wie die Kulisse eines Bibelfilms. Wir fuhren durch das Viertel »100 Gates«, in dem lauter Pinguine umherliefen, wie Amir die orthodoxen Juden in ihren schwarzen Anzügen nannte. Es war Freitagmittag, in wenigen Stunden begann der Sabbat. Würden wir dann hier noch mit dem Auto durchfahren, würden wir mit Steinen beschmissen, sagte Amir. Er erklärte mir, dass die Bewohner im Sabbat ihr Essen auf speziellen Platten warm hielten und ihre Kühlschränke nicht öffneten, weil alles Elektrische während des Sabbats verboten sei.

Nach dem Future-Turnier in Tel Aviv wollte ich nach Kampala, der Hauptstadt von Uganda, reisen, und dort zwei Turniere spielen. Die nächsten drei Turniere entschieden über mein Schicksal. Danach war Schluss. Drei Turniere, drei Wochen, drei Chancen auf einen ATP-Punkt. Ich hatte mich so gut vorbereitet, wie ich konnte. Auf dem Platz, konditionell, ernährungstechnisch. An mein letztes Augustiner konnte ich mich schon gar nicht mehr erinnern. Jetzt konnte mir nur noch göttlicher Beistand helfen.

Ich wollte an die Klagemauer.

Wir parkten am Jaffator und betraten die Altstadt von Jerusalem. Mein erster Eindruck: Was für ein Disneyland der Religionen. Alle liefen durcheinander, irgendwelchen Guides mit Schildern hinterher, Souvenir-Schnickschnack um den

Hals und auf den Köpfen. Aber sehr erleuchtet, diese Blicke.

»Folge mir«, sagte Amir, und ich ging hinter ihm in die engen Gassen, wusste schon nach wenigen Minuten nicht mehr, ob ich mich auf jüdischem oder muslimischem Gebiet befand. Es war mir ehrlich gesagt auch total egal. Ich hatte Hunger und sah einen Stand, an dem Männer Innereien grillten, klein hackten und in Fladenbrote steckten. Wir aßen, es war verdammt lecker, und dann führte mich Amir an die Klagemauer. Ich bekam eine Kippa gereicht, sie war viel zu klein, flog ständig von meinem Kopf. Ich rannte ihr hinterher und setzte sie wieder auf.

»One ATP-Point« hatte ich auf ein Stück Papier geschrieben. *Kvittelchen* hießen diese Wunschzettel. Man faltete sie und steckte sie in die Klagemauer. Auf dass in Erfüllung ging, was man begehrte. Ich fand eine Lücke zwischen den Steinen und drückte mein Kvittelchen fest in die Mauer, so tief, dass kein Wind und kein Regen ihm etwas anhaben konnte. Ich trat zurück und starrte auf mein Kvittelchen, es war ein erhabener Moment. Sogar Amir war still. Dann gingen wir zu einem Barbier, der mir den Bart mit einer scharfen Klinge rasierte. Er machte das so gut, dass ich ihm 100 Shekel bezahlte, was Amir sehr aufregte, denn das erschien ihm viel zu viel. In der Geburtskirche Christi in Bethlehem machte ich mich bei einer Gruppe gläubiger Polinnen unbeliebt, weil ich zu lange auf einem heiligen Stein verharrte, den sie streichelten und küssten. Ich fand ihn angenehm kühl. Wir tranken noch einen Granatapfelsaft und verließen Jerusalem, kurz bevor der Sabbat begann. Mein Tenniskollege Oz schrieb, dass seine Familie heute doch keinen Platz mehr am Tisch für mich habe, dafür nächste Woche. Mir war das sehr recht, denn ich hatte mir am Dizengoff-Square schon ein Restaurant angesehen, das ein achtgängiges Sabbat-Dinner anbot. Mit dem Alleinsein war das so eine Sache. Ich empfand Alleinsein nie als Bürde, sondern als Privileg.

Das Turnier fand auf einer großen Anlage statt, in Ramat ha-Sharon, einem Vorort Tel Avivs, neben einem Stadion, in dem Israel seine Davis-Cup-Spiele austrug. Beim Sign-in eine große Überraschung. Yona war gar kein Mann, sondern eine ältere, distinguierte Dame. Sie lachte, als sie mein Erstaunen bemerkte. Wir setzten uns auf eine Bank, und Yona erzählte mir ihre Lebensgeschichte. Sie war als Mädchen aus Südafrika nach Israel geflohen. Nach einer gescheiterten Ehe begann sie für den Tennisverband zu arbeiten, und nun organisierte sie seit Jahrzehnten die Turniere. Sie interessierte sich für mein Buch, wir sprachen über Angela Merkel und vergaßen fast, dass die Auslosung veröffentlicht wurde. Ich spielte gegen Tuval Barak, einen Einheimischen ohne Weltranglistenplatzierung.

Mein Match war am nächsten Tag, Sonntag, den 22. April 2018, um 11 Uhr angesetzt. Tuval war ein großer, schlanker Jüngling, 18 Jahre alt. Seine Mutter saß hinter dem Zaun, neben ihr noch drei Freunde. Die Atmosphäre war freundlich. Ich war nervös, aber nicht so, dass es mir hinderlich war, ich verkrampfte nicht. Ich wusste, dass ich gut vorbereitet war und die Bedingungen mir lagen. Es war trocken, heiß, die Bälle und der Platz schnell.

Leider gefielen die Konditionen auch Tuval. Er schlug sehr gut auf. Asse mit dem ersten, Asse mit dem zweiten Aufschlag. Ich hatte Return gewählt, wollte ihn früh breaken, aber dazu kam es nicht. Ich machte wenig Punkte in seinen Aufschlagspielen. Breakbälle hatte ich keine. Ich hielt meinen

Aufschlag bis zum 4:5 im ersten Satz. Ich servierte gegen den Satzverlust, spürte den Druck, machte leichte Fehler. Es stand 30:40, Satzball für meinen Gegner. Ich verschlug den ersten Aufschlag, nach dem zweiten spielten wir einen langen Ballwechsel. Tuval schickte mich mit einer Vorhand *crosscourt* aus dem Platz und griff dann mit einem Rückhand-Slice in die freie Ecke an. Ich kam gerade noch hin, versuchte ihn zu passieren, aber traf den Ball nur mit dem Rahmen. Der Ball flog an Tuval vorbei, unerreichbar, und sprang in der Nähe der Linie auf. Es war sehr knapp. Ich dachte, er wäre gut, aber man hätte ihn auch aus geben können. Es gab keinen Schiedsrichter. Die meisten Spieler auf der Future-Tour hätten den Ball aus gegeben, denn auf dem Hartplatz sah man keinen Ballabdruck. Niemand hätte nachweisen können, dass die Entscheidung falsch gewesen war. Tuval gab den Ball gut. Wenn ich meinen Besuch in Israel, die Art und Weise, wie man mir hier begegnete, mit einer Geste zusammenfassen sollte, dann mit dieser. Es war überragend fair.

Ich hielt meinen Aufschlag, glich aus.

5:5.

Bei 15:40 hatte ich zwei Breakbälle. Er wehrte den ersten mit einem Aufschlagwinner ab. Bei 30:40 spielten wir einen langen Ballwechsel. Ich hatte die letzten Monate gelernt, den Ball im Spiel zu halten, wenn es die Situation verlangte. Ich nannte das Mittelspiel, nicht defensiv, nicht offensiv, sondern abwartend. Ich musste nicht immer der Aggressor sein. Warum sollte ich immer ins Risiko gehen? Und tatsächlich, Tuval eröffnete als Erster das Feuer. Er schoss eine Vorhandpeitsche *crosscourt*. Ich brachte den Ball gerade noch zurück, auf seine Rückhand, er spielte einen kurzen Slice, ich lief aus der Vorhandecke zum Ball, ging tief in die Knie, griff mit einem

Rückhand-Slice an, er versuchte mich zu überlobben, aber ich machte den Punkt mit einem Rückhandschmetterball, dem schwersten Schlag im Tennis. Break.

»*Come on*«, schrie ich über die Anlage. Was musste Yona im Turnierleitungsbüro wohl denken? Egal. Geiler Punkt, ganz böse gefightet.

6:5, Hutt.

Souveränes Aufschlagspiel.

7:5, *first set*, Hutt.

Der erste Satz hatte viel Kraft gekostet. Ich lag im zweiten schnell 1:4 hinten. Tuval war fitter als ich. Ich entschied mich, den zweiten Satz laufen zu lassen, meine Energie für den dritten aufzuheben.

4:6, *second set*, Barak.

Tuval ging vom Platz, *Toilet Break*. Das stand jedem Spieler einmal im Match zu. Ich hatte meine Auszeit bereits im ersten Satz verbraucht. Ich schüttete mir kaltes Wasser über den Kopf. Es war verdammt heiß jetzt, zur Mittagszeit.

Ich nahm mir vor, ihn zu überraschen. Ihm in den ersten Spielen zu zeigen, dass er sich im dritten Satz jeden Punkt erarbeiten musste. Ich ihm nichts schenken würde. Er hatte die bessere Kondition, aber ich hatte eine Strategie. Würde ich erst mal führen, so mein Plan, könnte ich ihn entmutigen. Das funktionierte oft gegen junge Spieler. Sie gaben sich auf, wenn es nicht lief.

Mir gelang sofort ein Break.

1:0, Hutt.

Bei meinem nächsten Aufschlagspiel hatte er vier Breakbälle. Ich wehrte sie ab. 2:0, Hutt.

Ich breakte ihn wieder. 3:0, Hutt.

Hielt meinen Aufschlag. 4:0, Hutt.

Noch ein Break. 5:0, Hutt.

Mein Plan war aufgegangen. Es war keine spielerische Meisterleistung, aber eine taktische. Tuval war fertig. Seine Mutter gegangen. Ich war stolz, denn früher war ich planlos in einen entscheidenden Satz gegangen. Was für ein mentaler Fortschritt. Die Arbeit hatte sich gelohnt. Der Computer in meinem Kopf war an. Ich saß beim Seitenwechsel auf der Bank und malte mir aus, wie ich Satsche beschreiben würde, wie souverän ich dieses Match gewonnen hatte.

Sofort verlor ich das nächste Aufschlagspiel.

5:1, Hutt.

Tuval hielt seinen Aufschlag. 5:2, Hutt.

Jetzt saß ich auf der Bank und dachte daran, wie dämlich es wäre, das Match noch zu verlieren. Die Sonne kam mir extrem unbarmherzig vor, meine rechte Wade krampfte. Tuval hatte im nächsten Spiel fünf Breakbälle. Er machte drei leichte Fehler.

Bei meinem ersten Matchball verlegte er einen leichten Volley. Ich war einer Blamage gerade noch entkommen.

7:5, 4:6, 6:2, *Game, Set and Match*, Hutt.

Als ich vom Platz ging, kam Noam Behr, der Trainer, auf mich zu. Er lachte, zum ersten Mal.

»Gratulation, Felix, das war toll!«

»Na ja«, sagte ich.

»Doch, du hast einen Weg gefunden, um zu gewinnen. Du hast gekämpft. Es spielt keine Rolle, auf welchem Niveau, aber du hast gezeigt, was in dir steckt. Darum geht es, dieses Gefühl nach deinem Sieg, genieß es!«

Ich hätte das gern gemacht. Meinen Sieg genossen. Ich freute mich über Noams Euphorie. Ich ging kalt duschen und wollte gerade die Anlage verlassen, als mich ein Schiedsrichter ansprach.

»Wie viel Pause brauchst du noch?«, fragte er.

»Wie meinst du das?«, entgegnete ich.

»Du musst heute noch einmal spielen. Dir steht noch eine gute Stunde Pause zu«, sagte er.

»Das ist ein Witz, oder? Ich habe gerade drei Stunden in der prallen Sonne gespielt. Seit wann spielt man zwei Matches am Tag?«

»Da wir wegen des Sabbats erst am Sonntag begonnen haben, müssen wir heute zwei Matches austragen lassen, so ist das in Israel«, sagte der Schiedsrichter.

Eineinhalb Stunden nach meinem ersten Match stand ich wieder auf dem Platz. Wenn ich gewann, würde ich morgen im Quali-Finale um einen Spot im Hauptfeld spielen.

Mein Gegner war ein junger Italiener. Er hieß Marco Brugnerotto. Auf der Tribüne saß sein Coach. Marco war im Förderprogramm des italienischen Tennisverbands. Er war ein Linkshänder, mit einem bösen Slice-Aufschlag, sehr athletisch. Er war zu gut, das merkte ich schon nach wenigen Spielen. Es tröstete mich, dass ich gegen ihn auch keine Chance gehabt hätte, wenn mir die Turnierleitung drei Tage Pause gegönnt hätte. Ich genoss das Match trotzdem. Die Sonne tauchte die Anlage in ein weinrotes Spätnachmittagslicht. Ich spielte im Schatten des Stadions. Mir gelangen ein paar tolle Winner. Ich war locker, hatte nichts zu verlieren. Marco war andere Geschwindigkeiten gewohnt. Ich tat ihm nicht weh. Mir wurde klar, wie weit ich vom Niveau der Profis entfernt war. Dass ich Marcos Physis nie wieder erreichen würde. Ich war nicht traurig, sondern ernüchtert. Ich hatte alles gegeben, aber alles war heute nicht genug.

2:6, 2:6, *Game, Set and Match*, Brugnerotto.

Am Abend ging ich zu meinem Lieblings-Falafel-Restaurant. Es hieß »The Magician«. Die Männer am Grill trugen weiße Schürzen. Ich trank Granatapfelsaft, aß Kohlsalat und Lamm-Schawarma und lernte zwei Jungs kennen. Der eine kam aus Bonn, der andere aus Wien. Wir zogen durch Bars und Klubs, und ich trank Gin Tonic. In einem Klub wurde oldschool Hip-Hop gespielt. Ich tanzte zu MC Hammer: »U can't touch this«. Die zwei Jungs verschwanden mit einer Gruppe Niederbayerinnen, und ich spazierte zurück in die Dizengoff Street. Der Morgen graute. Ich war verschwitzt, satt, betrunken, erfüllt.

Ich schlief ein paar Stunden und legte mich am nächsten Vormittag ins LaLaLand. Das war ein Strandklub mit blauen Liegen und Full-service-Bedienung. Um mich herum sonnten sich Französinnen. Sie trugen Rolex-Uhren und rochen nach süßlichen Parfüms. Das Wasser war warm und die Wassermelone, die ich zu Mittag bestellte, schön kalt. Ich hätte es noch viele Tage hier ausgehalten, aber ich durfte mein Ziel nicht aus den Augen verlieren. Mir blieben noch zwei Turniere in Uganda.

12. Feuer & Regen

Uganda, Mai 2018

Meine Reise musste in Afrika enden. Das war alternativlos. Ich liebte diesen Kontinent mit seinen Unzulänglichkeiten. Hier war so vieles kaputt, aber hier war auch so vieles noch echt. Und hier sprach alles gegen den Typen, der ich vor Beginn meines Projekts vor eineinhalb Jahren gewesen war. Gegen den ungeduldigen, rastlosen, ablenkbaren, reizbaren, alles planen wollenden Deutschen. Mit diesen Eigenschaften würde ich untergehen. Ich musste nun zeigen, was ich gelernt hatte. Über mein Tennis, über mich. In Afrika bestand man nur mit Güte, Geduld, Toleranz und der Bereitschaft zu akzeptieren, dass jeder Tag zu Ende ging, nur nie so, wie man es am Morgen gedacht hatte. Es hätte auch der Kongo sein können, Nigeria oder Simbabwe, aber jetzt, Anfang Mai 2018, fanden vier Future-Turniere in Kampala statt, der Hauptstadt Ugandas. Ich wollte die ersten beiden spielen. In Uganda liefen meine Erfahrungen zu einem Finale zusammen. Ich wollte meine Reise zu einem glücklichen Ende führen. Was für ein Traum, wenn mein Traum hier in Erfüllung gehen würde. Nirgendwo hätte ich es lieber in die Weltrangliste geschafft als in Afrika.

Ich flog von Tel Aviv nach Addis Abeba. Trank ein stilles

Wasser am Gate und überlegte, ob wir die Trommel aus dem Souvenirshop gebrauchen konnten. Entschied mich dagegen. Ich wählte normalerweise immer einen Gangplatz, aber für den Flug nach Kampala setzte ich mich ans Fenster. Und wurde nicht enttäuscht. Der Landeanflug über den Victoriasee, den größten See Afrikas, ich schaute und staunte und merkte gar nicht, dass wir aufsetzten.

Ich war zuvor im Urlaub und auf Recherche in Afrika gewesen, unter anderem in Ghana und Liberia. Ich wusste, dass der Verkehr ein stinkendes Chaos war, dass man mit den Einheimischen eine Zeit und einen Treffpunkt ausmachen konnte, aber sich selten jemand daran hielt, dass es Nerven kostete, wenn man an das Leben die gleichen Ansprüche stellte, die man aus Europa gewohnt war. Ich nahm mir vor, dieses Mal nicht auszuflippen, wenn etwas nicht klappte.

Mein Vorsatz hielt zwei Stunden. Dann kam ich nach einer Harakirifahrt über Schlaglöcher durch die Dunkelheit auf unbeleuchteten Straßen im Kabira Country Club in Kampala an. Der Fahrer war nett, für die Straßen konnte er nichts. Einmal wären wir fast mit einem Ochsen kollidiert, der im Dunkeln die Straße überquerte.

Der Country Club war die teuerste Unterkunft meiner Reise. Eine Nacht kostete 165 Dollar. Sichere Hotels mit einem gewissen Lebensstandard waren in Afrika teuer. Sie wussten, von wem sie es nahmen. Hier übernachteten Geschäftsleute und Ausländer. Ich legte meine Kreditkarte auf den Tresen, wollte im Voraus bezahlen. Das machte eigentlich immer einen guten Eindruck.

»Kreditkarte kostet fünf Prozent Aufschlag«, sagte der Mann hinter der Rezeption. Er kam aus Kathmandu, das Hotel gehörte einem indischen Multimillionär.

»Fünf Prozent für was?«, fragte ich.

»Mit Kreditkarte zu bezahlen kostet immer fünf Prozent mehr«, sagte er.

»*What? This is an international hotel, right?*«, regte ich mich auf. Er zuckte mit den Schultern.

Ich zahlte und wünschte ihm eine nicht ganz so angenehme Nachtruhe.

Wir sollten uns schon wenige Minuten später an der Bar wiedersehen. Auf zwei großen Flatscreen-Fernsehern wurde Bayern München gegen Real Madrid gezeigt, das Halbfinal-Hinspiel der Champions League. Ich freute mich seit Wochen auf dieses Duell. Beim Anstoß bat ich den Barkeeper, den Ton aufzudrehen. Noch säuselte Céline Dion aus den Boxen.

Machen sie nicht, Wunsch des Besitzers, sagte der Barmann. Die Musik bleibe immer an.

Ich konnte es nicht glauben. Wie sollte ich die Partie mit diesem Gedudel durchstehen? Ich lief heiß, sehr heiß, diskutierte, schrie fast, es war mir nicht peinlich. Konnten die nicht verstehen, wie wichtig diese Partie war?

Der Manager von der Rezeption musste kommen. Sorry, mit Ton machen sie nicht, nie, Wunsch des Besitzers. Der stehe auf Country-Musik. Und die lief dann auch, das ganze Spiel.

Motherfucker.

Ich hielt die Klappe.

Bayern München verlor. Ich lag im Bett und schlief nicht ein. Scheiße, erst ein paar Stunden hier, und schon benahm ich mich wieder wie einer dieser cholerischen Neo-Kolonialherren. Genau das hatte ich vermeiden wollen. Hey, Hutt, das ist Afrika, was ist los mit dir? Ab morgen musste sich das ändern. Ich brauchte gutes Karma, unbedingt.

Am nächsten Morgen regnete es. Kein Regen wie in Deutschland, sondern ein Regen, durch den man nicht hindurchsehen konnte. Ein Vorhang aus Wasser. Ich konnte von meinem Balkon nur erahnen, wie schön dieser Country Club war. Ein großer Pool, um ihn herum Palmen, überall tropische Blumen und Pflanzen, und einen Friseur gab es auch.

Ich ließ mich von einem Taxi in einen Supermarkt fahren, kaufte Wasser, Toast, Nudeln, Tomatensauce, Erdnussbutter und Bananen. Mein Apartment hatte eine Küche. Ich wollte mir so oft es geht etwas kochen. Erdnusstoast mit Bananen, das gab Energie, schmeckte na ja, aber ich hätte alles gegessen für diesen ATP-Punkt. Ich legte mich auf die Couch, öffnete die Balkontür, las *Das Leben des Vernon Subutex* von Virginie Despentes. Der Regen prasselte herunter. Klappte heute schon viel besser mit dem Karma. Der Turnierdirektor, Alvin, leitete mir den Kontakt von Boris weiter, einem Spieler aus Kampala. Wir schrieben uns WhatsApps. Sobald die Plätze trocken waren, wollten wir trainieren.

Ich war darauf vorbereitet, dass die Plätze, die im *Fact Sheet* als Sandplätze angegeben waren, in einem schwierigen Zustand sein würden. Vor allem jetzt, in der Regenzeit, wo es jeden Morgen schüttete und die Sonne die Stadt danach in eine Dampfsauna verwandelte. Aber was ich sah, als ich die Anlage betrat, überraschte mich dann doch. Die Plätze bestanden aus einer graubraunen Erdmasse, sie waren Äcker, auf denen man Kühe hätte weiden lassen können, wenn denn etwas Fruchtbares darauf gewachsen wäre. Ich sah, wie einige Männer Spiritus in die Pfützen schütteten und anzündeten. So wollten sie wohl den Trocknungsprozess beschleunigen. Die Linien wurden mit Kreide aufgetragen. Schlangenlinien, ungerade, sie verwischten nach einiger Zeit wie die Schminke im Gesicht einer weinenden Frau. Die Bälle waren nach wenigen Minuten schmutzig braun und feucht. Unter diesen Konditionen hätte man in Deutschland kein Kreisklassen-Punktspiel ausgetragen, aber Deutschland war weit weg, und ich wollte nicht schon wieder mosern.

Boris machten die Bedingungen wenig aus. Er kannte es nicht anders. Er war fast zwei Meter groß, sehr durchtrainiert und gut gelaunt.

»Ich bin Boris und will für Uganda Davis Cup spielen«, sagte er, und dass er ein Fräulein in Deutschland habe, sagte er auch, ein Girlfriend, aber da fragte ich dann nicht weiter nach.

Wir spielten die Grundschläge *crosscourt*. Vorhand, Rückhand, langsames Herantasten an die neuen Konditionen. Oh, wie vermisste ich die Hartplätze aus Tel Aviv. Jeder zweite Ball versprang. Ich vermisste nicht nur die Plätze. In Tel Aviv war ich ein Tennis spielender Städter gewesen, der sich nach dem Training in der Metropole ablenken konnte. Hier in Kampala würde ich die Plätze und den Country Club sehen und sonst nicht viel, da machte ich mir nichts vor. Ich schimpfte nicht über die *bad bounces*. Riss mich zusammen. Wir machten ein paar Volleys und Aufschläge. Spielten zwei Tie-Breaks. Kampala lag auf 1200 Meter Höhe. Die Luft war dünn, die Bälle flogen schnell. Boris brachte wenige meiner Aufschläge zurück. Ich würde hier kein Mittelspiel brauchen. Lange Ballwechsel waren auf diesen Plätzen unmöglich. Ich brauchte einen guten One-Two-Punch. Oldschool Hutt-Tennis. Aufschlag-Vorhand-Tschüss. Nach dem Training gab ich dem Balljungen 1000 Shilling, 20 Cent. Er war nicht begeistert, aber ich hatte noch kein Geld gewechselt.

Hinter den Plätzen lag eine große Wiese, auf der Kricket gespielt wurde. Kricket war definitiv populärer als Tennis. In Kampala lebte eine große indische Community. Viele Geschäfte und Restaurants wurden von Indern betrieben. Auch im Restaurant im Country Club kochten Inder. Es war köstlich. Chicken-Tikka-Marsala. Nan-Brot. Lecker, scharf, nicht gut für meinen sensiblen deutschen Tennismagen. Aber immer nur Erdnussbutter-Bananen-Toast war auch nicht gut für die Seele.

Ich lernte beim Abendessen Rakesh Rai kennen, einen Neuseeländer mit indischen Wurzeln, dessen Familie vor Jahrzehnten von Diktator Idi Amin aus Uganda vertrieben worden war. Rai war immer gut drauf, sein Lachen erfüllte den ganzen Country Club. Er hatte pechschwarze Haare, eine gemütliche Plauze und ein Teddybär-Knautschgesicht, das eine Milliarde wunderbarer Falten warf, wenn er lachte.

Rakesh begleitete seinen Sohn Ajeet Rai, der in Kampala seine ersten Weltranglistenturniere spielte. Ajeet war 17 Jahre alt, sah aus wie ein Surfer, hatte lange dunkle Locken mit blonden Strähnen. Er war einer der besten Junioren der Welt, hatte die Jugend-Grand-Slam-Turniere gespielt und versuchte sich nun am Übergang vom Junioren- zum Herrentennis. Viele scheiterten daran, aber Ajeet war sich sicher, dass er es schaffen würde. Sein Vater Rakesh ließ Ajeet sein erstes Turnier in Uganda spielen, weil er ihm zeigen wollte, wo er aufgewachsen war. Ajeet sollte Demut lernen. Nicht gleich auf irgendwelchen *fancy* Turnieren in Kalifornien, nein, hier am Ursprung der Familie sollte Ajeet sich beweisen. Die beiden luden die einheimischen Spieler zum Essen ein, schenkten ihnen Klamotten und Equipment, gaben ihnen Tipps zu Technik und Taktik.

Mich machte die Begegnung mit Ajeet auch ein bisschen traurig. Sie führte mir vor, dass es zu Ende ging. Mann, war ich alt. Junge, war er jung und frech und verliebt in seine Freundin, mit der er jeden Abend skypte. Er stand am Anfang seiner Karriere, ich am Ende. Gegensätzlicher ging es nicht. Wir verstanden uns trotzdem. Ich ließ mich von seiner Lockerheit anstecken. Er holte sich Rat für Dinge, die ein 17-Jähriger noch nicht wissen konnte. Rakesh und Ajeet mochten mein Projekt. Wir trainierten auf den Tennisplätzen im Hotel. Aßen fast jeden Abend zusammen. Rakesh war ein Tennislehrer, ein Autodidakt, der mir viele nützliche Tipps gab. Er trank auch gern Bier, viel Bier, und wollte mich dazu einladen, aber ich erklärte ihm, dass ich für diese zwei Wochen in Kampala beim Wasser bleiben würde, weil mir der Weltranglistenplatz so viel bedeutete.

Die anderen Spieler trafen ein. Die neue Hoffnung aus England, George Loffhagen, mit seinem Trainer. Die Russen, die ich schon aus Pakistan kannte. Auf der Jagd nach Buschpunkten und guten Wetten. Sie waren am richtigen Ort. Der Hauptsponsor des Turniers war ein Wettanbieter. Eine Gruppe aus Schweden. Die Inder, denen mal wieder gar nichts schlechte Laune machen konnte. Da es oft bis in den Nachmittag dauerte, bis auf der Turnieranlage trainiert werden konnte, es dort aber nur sechs Plätze gab, herrschte ein großes Gedränge. Ich war froh, dass ich mit Ajeet im Hotel trainieren konnte.

Mein erster Gegner in der Qualifikation hieß Paul Ssekandi. Er kam aus Kampala.

»*He no good*«, schrieb mir Boris.

Es war Samstagmittag und sehr schwül, als wir auf den Platz gerufen wurden. Die Schiedsrichterin hieß Ann. Sie hatte ein süßes Lächeln. Und kein Problem mit unserem Match. Wir waren im Peace-Mood. Paul trug zwei unterschiedliche Socken. Ein paar Locals standen am Zaun. Seine Supporter. Sie riefen etwas auf den Platz, was ich nicht verstand, aber sie riefen es zu seltsamen Augenblicken. Es machte auf mich den Eindruck, als könnten sie weder zählen, noch wüssten sie über die Tennisregeln Bescheid. Sie riefen einfach mal so, das war mein Eindruck.

Paul war klein, Linkshänder, schlug sehr schnell, aber oft unkontrolliert. Ich hatte das Gefühl, dass sein Schläger zu weich bespannt war. Seine Bälle flogen oft weit ins Aus hinter meine Grundlinie. Es war schwer, Paul nicht sympathisch zu finden. Ein Fotograf der Lokalzeitung stand am Netz und machte Fotos. Mein Shirt und meine Hose waren nach wenigen Minuten durchgeschwitzt. Die Konditionen machten mir mehr Angst als Paul. Das Wetter ging an die Substanz. Mit jeder Minute, die ich in der Sonne verbrachte, wurde mir schummriger.

Es war ein ungleiches Duell. Paul machte zu viele Fehler. Ich gewann 6:1, 6:2 und munterte Paul beim Handschlag am Netz auf. Er schien sehr traurig zu sein. Er tat mir leid. Ein paar Minuten nach unserem Match schlug er schon wieder Bälle auf einem Trainingsplatz. Wer weiß, wie erfolgreich er spielen könnte, wenn er bessere Möglichkeiten hätte.

Ich stand im Qualifikationsfinale. Noch ein Sieg, und ich wäre zum zweiten Mal nach Islamabad im Hauptfeld eines Future-Turniers. Zwei Siege fehlten mir zum ATP-Punkt. Mein nächster Gegner hieß Vasisht Cheruku. Ein Inder, der in Barcelona in einer Profiakademie trainierte. Er war 12 Jahre jünger als ich, ein sehr guter Junior gewesen. Ich sah ihm beim Training zu. Beidhändige Rückhand, Vorhand mit viel

Spin, guter erster Aufschlag, herausragend leichtfüßige Beinarbeit, er wog die Hälfte von mir. Absolut durchtrainiert. Er war ein Sandplatzexperte, der lange Ballwechsel bevorzugte. In die Rallyes brauchte ich mit dem Kerl nicht zu gehen, aber Ballwechsel waren hier in Kampala Gott sei Dank sowieso eher selten möglich.

Ich schlief gut, erstaunlicherweise. Die Matches in Israel hatten mir Selbstvertrauen gegeben. Unter normalen Umständen würde es schwer werden gegen Vasisht, aber hier war nichts normal. Er würde seine Stärken, die Ausdauer, die Konstanz, nicht ausspielen können. Alles andere als ein glatter Sieg wäre für ihn eine Enttäuschung. Er hatte den Druck, nicht ich.

Auch am Sonntag regnete es den ganzen Vormittag. Ich tauschte mich mit Satsche aus, während wir Spieler auf unseren Zimmern darauf warteten, dass der Regen aufhörte und wir zur Anlage gefahren wurden. Ich hatte einen klaren Matchplan. Vasisht war fitter als ich, aber ich würde ihm keinen Rhythmus geben. Ich würde Ballwechsel vermeiden, schnell auf die Punkte gehen. Ich wollte ihn und sein solides Spiel zerstören. Satsche schrieb mir, dass ich meine Aufschläge nicht hart, sondern mit Kick spielen sollte. Die Bälle würden in der Höhe von Kampala dann sehr krass abspringen und für meinen Gegner schwer zu returnieren sein.

Wir konnten erst am späten Nachmittag auf den Platz. Es roch nach Verbranntem und Abgasen. Endlich ging es los. Auf dieses Match hatte ich seit eineinhalb Jahren hingearbeitet.

Vasisht und ich waren uns nicht sympathisch. Für jeden stand viel auf dem Spiel. Er hatte viel Geld in die Reise investiert, weil er hoffte, in Kampala zu punkten, sein Ranking so zu verbessern, dass er nicht mehr Qualifikation spielen musste. Mich faszinierte auf den Futures, wie viele Idealisten sich hier tummelten, die wissen mussten, dass ihr Spiel nicht für die Grand Slams reichte, die aber trotzdem an einen Durchbruch glaubten.

Vasisht konnte mir nicht in die Augen sehen. Er ließ mich warten, band sich lange die Schuhe zu, bevor er zum Münzwurf ans Netz kam. Ein Bauerntrick, um den Gegner ungeduldig zu machen. Nadal für ganz Arme, lieber Vasisht. Nicht mit mir. Ich fixierte ihn mit bösem Hutt-Blick. Wie faszinierend doch dieser Sport war, dachte ich. Da spannte man ein Netz über einen Acker, irgendwo in Afrika, zog ein paar Kreidelinien, ließ einen Inder gegen einen Deutschen antreten, und auf einmal war alles vergessen, der Platz, das Netz, die schmutzigen Bälle, weil zwischen den Spielern etwas entstand, das nur sie beide fühlen konnten. Kampf, Krieg, *Do or Die.* Die Bedingungen waren austauschbar, die Bedeutung von Gewinnen und Verlieren nicht.

Ich begann gut. Hielt meinen Aufschlag. Vasisht servierte auch stark. Wir taten uns schwer mit den Returns. So hatte ich das erwartet. Alles lief nach Plan.

1:1.

2:2.

3:3.

4:4.

Ich hatte nur noch diese zwei Turniere. Die Ratschläge meiner Freunde, gelassen zu bleiben, waren gut gemeint, aber sie halfen mir nicht. Es ging um so viel für mich. Je enger es wurde, desto mehr verkrampfte ich. Ich schenkte Vasisht mein Aufschlagspiel mit zwei Doppelfehlern. Er gewann den ersten Satz.

4:6 *first set*, Cheruku.

Ein fürchterliches Gefühl. Ich wusste, dass ich ihn schlagen konnte, aber ich war verspannt. Meine Muskulatur fest. Jeder Punkt hatte ein Gewicht, eine Bedeutung, die mich auf dem Platz steif machte, meine Bewegungen erlahmen ließ. Der Computer war an, aber er hatte Angst zu verlieren.

Zu Beginn des zweiten Satzes hatte ich zwei Breakbälle. Ich zögerte. Anstatt zu attackieren, hoffte ich auf einen Fehler. Aber das war nicht mein Spiel, meine Grundschläge verhungerten in der Mitte des Platzes, und Vasisht machte keine leichten Fehler, er spielte sehr solide. Ich musste mir die Punkte verdienen.

Bei 3:3 war es zu dunkel, um weiterzuspielen. Das Match wurde unterbrochen und auf den nächsten Morgen verlegt. Der Shuttle-Bus brachte uns zurück zum Hotel. Die Russen schauten sich bei Tinder an, wer ihnen in Kampala gefiel. Ihre Lockerheit hätte ich gern gehabt. Ich war in Gedanken noch beim ersten Satz, dem letzten Aufschlagspiel, den vergebenen Breakbällen. Ich konnte nicht abschalten. Duschte auf meinem Zimmer, versuchte meine Muskulatur mit der Blackroll zu lockern, aß indisches Huhn, tauschte mich mit Satsche aus, und schlief spät, als die Erschöpfung endlich über das Nachdenken siegte.

Unser Match wurde um neun Uhr fortgesetzt. An diesem Morgen regnete es nicht. Ich spielte mich mit einem Schweden ein. Ich hatte die ersten eineinhalb Sätze vom Vortag analysiert. Ich wollte noch konsequenter auf die schnellen Punkte gehen. Attackieren, wenn sich Chancen boten. Nicht noch einmal zögern wie gestern. Ich wollte hinterher nichts bereuen müssen. Ich begann stark, gewann mein Aufschlagspiel ohne Problem.

4:3, Hutt.
4:4.
5:4, Hutt.
5:5.

Mittlerweile waren einige Einheimische zu Platz 4 gekommen, die dieses Duell zwischen dem alten Deutschen und dem jungen Inder verfolgten. Sie unterhielten sich, auch während den Punkten. Das störte mich nicht. Ich hatte mir vorgenommen, alles, was außerhalb des Platzes passierte, zu ignorieren. Dass sie in Uganda ein anderes Verständnis von Tennisetikette hatten als in Wimbledon, kam auch nicht wirklich überraschend.

Es war eng, es war spannend, meine Verkrampfung hatte sich gelöst. Die Zuschauer klatschten, schrien, reagierten auf meine Emotionen. Ich ballte jetzt nach jedem gewonnenen Punkt die Faust, schrie »*Come on*« über das Netz. Vasisht wusste, dass er der bessere Spieler war, aber was nutzte ihm das, wenn es keine Ballwechsel gab, wo er dies unter Beweis hätte stellen können? Das Momentum wanderte auf meine Seite, ich diktierte das Spiel. Sehr viele gute erste Aufschläge.

6:5, Hutt.
6:6.
Tie-Break.

Ich liebte Tie-Break. Wer so gut aufschlug wie ich, hatte im Tie-Break gute Karten. Immer, wenn ich einen Tie-Break erreichte, hatte ich das Gefühl, ich könnte den Satz gewinnen.

1:0, Hutt.
2:0, Hutt.
2:1, Hutt.
3:1, Hutt.

Ich war am Drücker, kam gut in den Ballwechsel, setzte

Vasisht mit einer Vorhand *crosscourt* unter Druck. Er wurde kurz. Ich griff mit meiner Vorhand in seine Rückhandecke an. Er kam gerade noch an den Ball. Spielte einen schwachen Lob. Ein leichter Schmetterball für mich. In 99 von 100 Fällen mein Punkt. Ich streckte meinen linken Arm nach oben, zeigte auf den Ball. Ich würde so hart schmettern, dass der Ball nach dem Aufhüpfen über den Zaun auf den Lugogo Bypass, die Hauptstraße hinter der Anlage, springen würde.

Doch: Ich traf den Ball mit dem Rahmen. Er flog auf die Hauptstraße, allerdings ohne aufzuhüpfen. Ich konnte es nicht fassen. War zu geschockt, um meinen Schläger zu schmeißen.

3:2.

3:3.

3:4, Cheruku.

3:5, Cheruku.

3:6, Cheruku.

3:7, Cheruku.

Game, Set and Match, Vasisht Cheruku.

Jedes Mal, wenn ein Tennisspieler nach einer hohen Führung oder gar nach einem Matchball verlor, starb etwas in ihm. Man sagte dann immer, der Spieler solle wieder aufstehen, für das nächste Mal aus der Niederlage lernen, aber diese Floskeln halfen nicht. Niederlagen wie die gegen Vasisht blieben an einem haften wie ein Tattoo. Sie brannten sich ein, manchmal brachen sie einen Spieler. Während ich unter der Plane hinter dem Clubhaus saß, machte ich mir keine Illusionen. Der Schmetterball im Tie-Break würde nie wiederkommen. Er war nicht mehr zu korrigieren, sondern für immer verloren.

Ich schrieb mich nach dem Match als Lucky Loser ein. Ich hatte kein Glück. Mir blieb noch ein Turnier. Meine letzte Chance.

13. Gegen die Wand

Uganda II, Mai 2018

Eitzi schrieb, dass ich stolz auf mich sein könne. Satsche schrieb, dass es beim nächsten Mal klappen würde. Renze schrieb, dass ich *tough* bleiben solle. Der Zuspruch meiner Freunde war überragend. Sie fieberten im Internet mit, schickten aufmunternde Nachrichten. Ich spürte, dass sie mir helfen wollten. Aber mir konnte niemand helfen. Mir ging die Niederlage gegen Vasisht nah. Ich hielt sie für unnötig. Es war nicht so wie gegen Marco Brugnerotto in Tel Aviv, wo ich keine Chance gehabt hatte. Hier hatte ich eine Chance vergeben. Ich wollte keinen Trost, kein Mitleid, kein »Wow, wie tapfer du dich schlägst, in deinem Alter, gegen diese jungen Burschen«. Ich wollte in die Weltrangliste.

Es war Dienstag, und ich hatte frei. Ich war jetzt bald drei Wochen unterwegs. Immer nur Tennis, Hustle um Trainingsplätze, Gedanken an die *Alternate List* für das nächste Turnier. Ich brauchte eine Pause. Das Match gegen Vasisht hatte mich gebrochen. Ich war down. Dieser verdammte Schmetterball bei 3:1 im Tie-Break. Ich konnte ihn nicht vergessen. *Fuck, fuck, fuck.*

Ich stand an einer Tankstelle gegenüber vom Innenministerium. Sina würde heute Nacht ankommen, mit Axel, einem Kameramann. Sie sollten für eine Dokumentation in einem Hochsicherheitsgefängnis in Kampala drehen. Ich wollte beim Innenminister die Drehgenehmigung einholen. Es fühlte sich gut an, dass meine Frau kommen würde. Versöhnlich. Sina war am Anfang dabei gewesen, in Kapstadt, im Januar 2017, und nun würde sie mich bei meinem letzten Turnier begleiten, wenn es ihre Drehtage zuließen.

Ich kaufte mir im Shop der Tankstelle eine Flasche Wasser und stutzte, als ich das Titelbild der Tageszeitung *Visions* sah. Da war ja ich! Mein Foto, auf dem Platz, beim Aufschlag, darüber die Zeile »Ridin' on!«. Ich kaufte zwei Exemplare. Die Verkäuferin erkannte mich. Sie lachte mich an. War ich berühmt? Sollte ich ihr ein Autogramm geben? Ich grinste zurück.

Der Fotograf Richard Sanya hatte das Bild gemacht. Beim ersten Match gegen Paul, den traurigen *Local Hero*. Sie haben es gedruckt, weil ihnen gefallen hat, wie ich mit Paul umgegangen bin. Richard war ein bescheidener, zurückhaltender Lokaljournalist, der den ganzen Tag auf seinem Moped durch Kampala fuhr und die Geschichten festhielt, die ihm berichtenswert erschienen. Meist waren es traurige Geschichten. Autounfälle, Morde, häusliche Gewalt.

Ich bedankte mich bei Richard. Er hatte noch mehr Fotos von mir gemacht und schickte sie mir per WhatsApp. Auf einem sah man, wie ich mit wildem Blick den Ball fixierte, bevor ich eine Vorhand schlug. Das Bild hat es auf das Cover dieses Buches geschafft. Richard wollte dafür fünf Dollar Honorar. Als ich ihm Wochen später aus Deutschland schrieb, dass dies viel zu wenig sei, der Verlag ihm das Honorar überweisen würde, das üblicherweise für ein Titelbild bezahlt werde, war er begeistert. Er hatte einen Deutschen beim Tennisspielen fotografiert und mit diesem Bild ein zusätzliches Jahresgehalt verdient.

Im Vorzimmer des Innenministers traf ich zwei *Stringer*, die für Sina arbeiteten. *Stringer* waren bei Recherchen im Ausland sehr wichtig. Sie vermittelten Termine, übersetzten, kümmerten sich um Fahrer. Henry und JK hatten Krawatten umgebunden. Der Minister empfing uns trotzdem nicht. Wir fuhren in JKs Büro im Zentrum von Kampala. Ich kam zum ersten Mal raus aus dem Tenniskosmos und in Kontakt mit dem wirklichen Leben. Wie angenehm. Ein Koch servierte Tee, Nüsse, frittierte Bananen. Durch das Fenster hörte ich das Gehupe der Mopeds, roch die Abgase, sah, wie die Straßenverkäufer ihre Waren anpriesen, Obst, Wasser, Tücher.

JK erzählte mir von korrupten Politikern, die Uganda regierten, von Indern, die auf mafiöse Art Geschäfte machten, von seiner Frau, mit der er viele Kinder hatte. Er zeigte mir Familienfotos. Seine Frau trug Schleier. JKs Familie war muslimisch, in Uganda fanden sich viele Religionen wieder.

Ich verließ das Büro und winkte einen Boda-Boda-Fahrer heran. Sie chauffierten ihre Kunden auf diesen Mopeds durch die Staus von Kampala. Mit dem Auto kam man hier nicht voran. Es begann zu regnen, und ich hielt mich an meinem Fahrer fest. Ziemlich uncool, die Einheimischen hielten sich nirgendwo fest. Sie schrieben WhatsApps, während sie auf den Bodas saßen. Mein Fahrer umkurvte Schlaglöcher, fuhr über rote Ampeln, raste einen Berg hinab, ich machte in Gedanken mein Testament.

Im Hotel traf ich Rakesh und Ajeet. Sie kamen gerade vom Turnier. Ajeet hatte im Hauptfeld eine Runde gewonnen. Erstes Turnier, erster Weltranglistenpunkt. Ganz locker, ganz easy, jetzt erst mal ein bisschen Skype mit seinem Babe in

Neuseeland. Ich freute mich für ihn, versuchte mir meinen Neid nicht anmerken zu lassen. Für Ajeet Rai waren der erste Punkt und die Weltrangliste nur der Anfang einer Karriere, die bald bei den Grand-Slam-Turnieren stattfinden sollte. Für mich wäre der Erfolg das Ende meiner Karriere gewesen, die dann die schönste gewesen wäre, die ich mir hätte vorstellen können. Ich wäre mit dem Manager aus Kathmandu durch das Hotel getanzt, wenn ich erreicht hätte, was Ajeet heute gelungen war.

Sina und Axel kamen nachts an. Am nächsten Tag fuhren sie mit den Stringern durch Kampala, nahmen Unterwegsbilder auf, solange sie auf die Drehgenehmigung warteten. Die Stringer Henry und JK signalisierten, dass sie die weiterhin organisieren könnten, allerdings koste es dies und jenes, und auch das war Afrika. Alles kostete.

Es war schön, dass wir abends nun mit Rakesh und Ajeet zusammensaßen. Sina erinnerte die tropische Umgebung an Brasilien, ihr Lieblingsland. Ihr gefiel es in Uganda, sie mochte die Menschen. Mit ihrer umgänglichen Art tat sie sich viel leichter als ich. Sie war verzeihender, was Unzulänglichkeiten anging. Wenn sich der Kellner entschuldigte, weil er statt Mango- Ananassaft gebracht hatte, lachte sie ihn an, *no problem*. Ich beobachtete sie, lernte von ihr. Axel, der Kameramann, und Rakesh tranken Bier und verstanden sich prächtig. Ajeet und ich analysierten die Meldeliste für das nächste Turnier. Er hatte vom Veranstalter eine Wildcard für das Hauptfeld bekommen. Ihm würde die Qualifikation erspart bleiben. Wir hatten überlegt, uns für das Doppel zu melden. »Big Bro', ich kann noch Tausende spielen, aber für dich ist das deine letzte Chance«, sagte er.

Aber da ich keine Weltranglistenplatzierung hatte, musste er mit jemand anderem spielen. Mit mir wäre er nicht ins Hauptfeld gekommen. Ich rechnete ihm hoch an, dass er es trotzdem angeboten hatte.

Am Freitagvormittag trainierte ich mit Muzi, einem Spieler aus Simbabwe, den ich aus Südafrika kannte. Ich hatte einen Platz auf der Hotelanlage reserviert. Die Pause hatte mir gutgetan. Ich war frisch, meine Beine fühlten sich leicht an, ich bewegte mich gut. Am Nachmittag absolvierte ich noch eine Einheit mit Franco, einem jungen Argentinier. Es war so heiß, dass mir bei einem Aufschlag der Schläger aus der verschwitzten Hand rutschte und auf den Platz knallte. Der Rahmen war gebrochen, das Racket unbrauchbar. Ich schenkte es einem der Jungs, die sich um die Plätze kümmerten. Als ich eine Stunde später vorbeikam, spielte er mit dem kaputten Schläger und lachte.

Am Abend fuhr ich zum Sign-in auf die Turnieranlage. Alvin, der Turnierdirektor, nahm mich zur Seite. Es tue ihm leid, aber der Verband brauche die Wildcards, er könne nichts für mich machen. Brauchte er auch nicht, ich war der letzte Spieler von der *Alternate List*, der es in die Qualifikation schaffte.

Ich fuhr zurück ins Hotel. Ich hörte das Plätschern vom Pool. Ein paar Moskitos flogen herum. Ich aß Erdnusstoast mit Bananen. Würde ich nicht vermissen. Die Auslosung wurde auf der ITF-Website veröffentlicht. Mein Gegner hieß Sergey Dorozhkin. Ein Russe, der im ersten Turnier gegen Ajeet verloren hatte. Er hatte solide Grundschläge, bewegte sich gut, aber sein Aufschlag war schwach. Er schubste den Ball mehr, als dass er ihn schlug. Es sah aus, als sei seine Schulter verletzt.

Ich aß mit Ajeet zu Abend.

»Big Bro'«, sagte er, »den Russen schlägst du.«

Wenn mich eine Sache stresste, dann, wenn man mir sagte, dass ich jemand locker schlagen würde. War schon in meiner Jugend ätzend gewesen. Das vermittelte mir das Gefühl, dass ich nur verlieren konnte.

Ajeet meinte es gut. Er gab mir Tipps. Bei ihm hörte sich das alles so leicht und locker an. Mich setzte das noch mehr unter Druck. Gewinnen müssen war nie leicht. Der Favorit zu sein war eine Bürde.

»Aber der Russe hat Weltranglistenpunkte. Du kannst nicht von dir ausgehen«, sagte ich.

»Klar, Mann, aber du bist eine *German machine*«, sagte Ajeet.

Ich ging auf mein Zimmer. Ich wurde mit jeder Stunde nervöser. An Schlaf war nicht zu denken. Sergey war eine Chance, ganz klar, aber das Match war kein Geschenk. Ich würde mir den Sieg verdienen müssen. Mir war schlecht. Ich behielt das Essen nicht bei mir. Ich ging ins Bett, stand auf, legte mich wieder hin, versuchte zu schlafen, stand wieder auf, las mir meine Leitlinien durch, ging auf die Toilette, wieder ins Bett, versuchte zu visualisieren, was am nächsten Tag alles passieren konnte.

Am Samstag passierte dann erst mal nichts, zumindest nicht auf dem Tennisplatz, denn es regnete den ganzen Tag. Als wir Spieler unter der Plane hinter den Plätzen saßen und warteten, knallte es auf einmal. Ein Lastwagen war durch die Mauer gebrochen, die die Tennisanlage von der Straße trennte. Der Fahrer blutete, stieg aus dem Fahrerhaus und rannte davon. Boris sagte, er sei wohl betrunken gewesen, deshalb flüchte er. Der Lkw war wenige Meter von uns entfernt von der Mauer aufgehalten worden. Ohne Mauer keine Tennisspieler mehr. Wir hatten Glück, dass wir noch lebten. Am Nachmittag wurden die Matches abgesagt.

Ich fuhr ins Stadtzentrum. Sah einen Bettler, dem ein melonengroßer Tumor aus dem Kopf wuchs. Der Unfall mit dem Lkw, der Todgeweihte hier vor mir, ich hätte so dankbar sein müssen, dass mein einziges Problem ein Russe namens Sergey war, gegen den ich ein Tennismatch gewinnen wollte.

Komischerweise funktionierte das bei mir nie. Das »Denk doch mal an die Armen auf der Welt und sei dankbar«-Prinzip zog bei mir nicht. Die Einordnung und Bewertung von Problemen waren eine Frage der Perspektive. Ich konnte mir nicht die Sorgen der anderen aneignen, und niemand konnte verstehen, warum meine waren, wie sie waren. Mir war bewusst, welches Leben ich führen durfte, dass meine Probleme im Vergleich zu vielen anderen nicht als Probleme angesehen wurden. Aber das half mir nicht. Ich wusste, wenn ich gegen Sergey verlieren würde, dann wäre es das gewesen. Dieser Druck fraß mich auf. Mir gelang es nicht, locker zu bleiben. Zu essen auch nicht.

Am Sonntag gingen wir gegen 13 Uhr auf den Platz. Sina und Axel saßen im Schatten. Die Sonne knallte. Auf der Kricket-Wiese fand ein großes Musikfestival statt. Der Eingang war derselbe, durch den man auch zu den Tennisplätzen kam. Tausende strömten über die Anlage zu den Getränkeständen vor der Bühne. Es roch nach Grillfleisch und Marihuana. Ich ließ mich davon nicht stören. Ich blendete das Festival aus. Wollte keine Energie verschwenden, weil ich jedes Fitzelchen Energie brauchen würde.

Ich begann stark, gewann mein Aufschlagspiel zu null.

1:0, Hutt.

Rakesh setzte sich zu Sina und Axel. Es gab mir ein gutes Gefühl, diese drei Menschen draußen zu wissen. Ich fühlte mich nicht allein. Auf der Bühne jammte eine Reggae-Band.

Im nächsten Spiel attackierte ich Sergeys schwachen Aufschlag. Bei 15:40 hatte ich zwei Breakbälle. Ich verkrampfte. Machte einen leichten Fehler, spielte einen Ball viel zu kurz, Sergey konnte eine Vorhand zum Einstand wegspielen. Es war so heiß, ich ging nach jedem Punkt zum Handtuch. Trocknete den Schweiß ab, versuchte den Puls und meine Nerven zu beruhigen.

1:1.

Ich blickte zurück, nicht nach vorn. Haderte mit meinen Breakchancen. Servierte zwei Doppelfehler. Kassierte das erste Break des Matches.

1:2.

»Sina«, rief ich meiner Frau zu. »Holst du mir eine Cola und Bananen? Ich brauche irgendetwas mit Zucker, habe keine Energie.« Sie kam beim nächsten Seitenwechsel zurück, ich trank Cola und aß zwei Bananen.

1:3.

2:3.

2:4.

2:5.

3:5.

3:6. *Game and first set*, Dorozhkin.

Der Zuckerschub begann zu wirken. Nach den letzten zwei Tagen waren meine Speicher leer, aber ich belog meinen Körper. Cola konnte das. Man trank das Zeug und fühlte sich für eine Weile, als könnte man fliegen. Allerdings, und das wusste ich auch, hielt der Rausch nicht lange an.

Als ich zu Beginn des zweiten Satzes zum Zaun ging, um

mein Handtuch aufzuhängen, kam Sina zu mir. Sie ging einfach durch die Tür auf den Platz. Der Schiedsrichter war zu überrascht, um einzugreifen.

»Komm«, sagte sie, »komm her.«

Ich war auch überrascht. Was wollte sie von mir, mitten im Match? Sah sie nicht, wie ich mit mir, mit Sergey zu kämpfen hatte?

Sie umarmte mich, einfach so. Mein verschwitztes T-Shirt benässte ihr Kleid. Mein Kopf an ihrem Hals, dieser Geruch, den ich über alles liebte.

»Du schaffst das, ich bin stolz auf dich«, sagte Sina.

Meine Frau, die Tennis nicht mochte und auch nicht das, was es mit mir machte, die ich seit dem Beginn des Projekts davon überzeugen wollte, die Reise mit mir zu machen, sie stand auf einmal bei mir.

Ich breakte Sergey zum 3:2 im zweiten Satz.

Bekam ein Re-Break.

3:3.

4:4.

Ein umkämpftes Aufschlagspiel. Hin und her, 15 Minuten lang, purer Krieg. Die Russen am Zaun feuerten Sergey an, »*Dawai, dawai*«. Sina und Axel klatschten bei meinen Punkten. Sergey war ein Stoiker. Ich konnte zu keinem Zeitpunkt des Matches sagen, was in ihm vorging, er war für mich unlesbar. Breakball für mich. Ich gewann die Rallye mit einem Vorhandwinner *crosscourt*.

5:4, Hutt.

Ich schlug zum Satzgewinn auf. Verkrampfte sofort. Nichts war einfach heute. Nichts war selbstverständlich. Die Automatismen waren irgendwo, vielleicht beim Baden im Victoriasee, auf Court 3 waren sie jedenfalls nicht.

0:30. Zwei Aufschlagwinner.

30:30. Langer Ballwechsel, mutiger Netzangriff, abvolliert.

40:30. Satzball.

Zweiter Aufschlag. Zitterarm. Viel zu kurzer Ball auf dem T-Feld. Sergey verschlug eine Vorhand.

6:4. *Second set*, Hutt.

»Yeeeeeeeeesssssssssssss!« Auf dass es auch der letzte Kiffer auf der Kricket-Wiese hören würde.

Ich ging in die Umkleidekabine. Zog mich um. Ging auf die Toilette. Trank noch mehr Cola. Hatte Hunger, die Bananen halfen mir nicht. Ich kam raus, die Sonne erschlug mich fast. Egal, alles egal, noch ein Satz, und ich stand im Quali-Finale. Sergey sah angeknockt aus zum Ende des zweiten Satzes. An ihm ging das tropische Klima auch nicht spurlos vorbei. Axel und Rakesh hatten sich ein Bier geholt. Sina drückte Daumen und hatte einen Sonnenhut auf. Mann, sie war so süß. Ich wollte, ich musste einfach gewinnen, jetzt, wo es ihr zum ersten Mal etwas bedeutete.

Sergey begann den dritten Satz mit neuen Bällen. Meine Vermutung war richtig gewesen. Er war auch fertig. Ich hatte gleich einen Breakball bei 30:40. Ich schickte ihn mit meiner Vorhand links und rechts, dominierte aus meiner Rückhandecke, machte Druck, spielte einen Stoppball. Er erlief ihn, Gegenstopp, unerreichbar, Einstand. Ich spürte, wie meine Beine fest wurden. Ich konnte nicht mehr. Es war, als zog mir der liebe Gott den Stecker. Die Müdigkeit überwältigte meinen Körper. Wahrscheinlich war sie schon lange da gewesen, aber jetzt ließ sie sich nicht mehr verdrängen. Es war ein früher Breakball im dritten Satz, aber er brach mich. Sergey hielt seinen Aufschlag. Er musste nicht mehr viel tun.

0:1.

In den nächsten beiden Spielen machte ich einen Punkt.

0:3.

Es war keine Frage des Willens mehr, keine Frage meiner Psyche. Kein Plan und kein Wunsch konnten mir helfen. Der Körper, die Physis ließen mich im Stich. Waren es die letzten Monate? Die letzten Tage ohne vernünftige Nahrungsaufnahme? Ich wusste es nicht, ich wusste nur, es ging zu Ende. Es gab nichts mehr, womit ich diesen lahmen Gaul noch mal flottbekommen konnte. Ich wollte ein Desaster vermeiden, die Höchststrafe, aber nicht einmal das bekam ich hin.

0:4.

0:5.

0:6. *Game, Set and Match Dorozhkin.*

Der letzte Satz dauerte 20 Minuten. Ich hörte die Musik vom Festival. Vielleicht können wir da später hin, dachte ich. Die Klatsche tat weh, aber sie war auch eine Erlösung. Ich gab Sergey die Hand. Axel und Sina kamen auf den Platz. Meine Frau umarmte mich lange. Ich war zu fertig, um zu weinen.

Ich bedankte mich bei Rakesh für die Unterstützung. Er wollte etwas zu meiner Vorhand sagen und zu meiner Rückhand, aber ich sagte ihm, das könne er vergessen, ich brauchte ein Bier. Ich fuhr zurück, legte mich an den Pool und ließ mir ein kaltes Pils nach dem anderen kommen. Ajeet besuchte mich, ich spielte ihm ein paar Hip-Hop-Songs von meiner Spotify-Playlist vor. Er verstand, dass ich nicht über Tennis reden wollte. Wir schauten auf den Pool, ich trank, und er erzählte mir von Neuseeland. Da wollte ich bald mal hin.

»Mate«, sagte ich, »wenn du bald bei den Australian Open spielst, dann besuche ich dich Down Under.«

»Deal«, sagte Ajeet.

»*Mate*, kleiner Bruder«, sagte ich.
»Was?«, fragte er.
»Danke.«

Sina, Axel und ich fuhren am Abend zum Musikfestival auf die Kricket-Wiese. Wir gingen hinter Court 3 vorbei, wo gerade alles zu Ende gegangen war. Der Platz war leer, nur eines meiner Schweißbänder lag noch am Zaun.

Axel kaufte eine Flasche Whiskey, und ich war nach wenigen Schlucken betrunken. Für ihren Dreh im Gefängnis war es auch nicht gut gelaufen. Jeden Tag hatten sie sich zu Gesprächen mit sturen Männern vom Innenministerium und vom Militär getroffen, die ihnen dies und das versprochen und nichts davon gehalten hatten. Sie wollten für ein paar Stunden ihre Uganda-Misere vergessen. Ich wusste, dass am nächsten Morgen die Trauer beginnen würde. Ich die vergebene Chance bereuen würde. Ein Traum, den ich seit mehr als fünfundzwanzig Jahren geträumt hatte, war vor wenigen Stunden gestorben. Für immer. Das würde wehtun, lange wehtun.

Aber jetzt war es dunkel, nur von der Bühne kam Licht. Ich stand da, mit dem Plastikbecher Whiskey-Cola in der Hand, und sah einem MC zu, wie er die Zuschauer anheizte. Ein Beat setzte ein, Drums, immer schneller, die Masse begann zu springen, wir machten mit, schwitzten, riefen etwas, tanzten, es war einfach nur schön. »*Show a little faith, there's magic in the night. You ain't a beauty, but hey, you are alright*«, sang Springsteen in meinem Kopf. Bruce wollte mich trösten, und das gelang ihm auch dieses Mal. Ein bisschen zumindest. Sina und ich küssten uns, immer wieder, in dieser Nacht des 6. Mai 2018, in Kampala, Uganda.

Ich war mit einer Zeitmaschine in meine Vergangenheit zurückgefahren, eingetaucht in mein altes Leben. Ich hatte mir mit meinem Projekt Weltrangliste ein Stück Jugend geliehen, das ich nun wieder abgeben musste. Ich dachte, es würde mich traurig machen, ja vielleicht sogar deprimieren, dass diese Zeit nun endgültig vorbei war. Ich würde 40 Jahre alt werden und 50 Jahre alt, und Felix Hutt würde irgendwann sterben, ohne jemals in der Weltrangliste gewesen zu sein.

Aber ich war nicht traurig. Ich freute mich, dass ich wieder so alt sein durfte, wie ich war. Keinen Youngstern mehr bei Instagram zusehen wollte, wie sie Sprints auf Tennisplätzen absolvierten. Keine Sneaker mehr sammelte, nicht mehr »Alter« sagte und schlechtes Gewissen hatte, wenn ich Augustiner trank. Viele von den Spielern, die ich getroffen hatte, hatten keine Wahl. Für sie gab es nur Tennis. Ich hatte eine Wahl. Ich wollte wieder Felix Hutt sein, Journalist und Ehemann. Auf Reisen würde ich mich wieder für die Sehenswürdigkeiten der Länder interessieren. Beim nächsten Mal in Kambodscha wollte ich endlich Angkor Wat, beim nächsten Mal in Islamabad die Faisal-Moschee besuchen.

Ein paar Wochen, nachdem meine Reise in Uganda zu Ende gegangen war, spielte ich noch einmal die Bayerischen Meisterschaften. In Ismaning hatte ich im letzten Jahr drei Matches in Folge gewonnen. Hier war der Glaube geboren worden, es schaffen zu können. Ich hatte es nicht geschafft, aber das machte nichts. Ich wusste, ich hatte viel mehr gewonnen als diesen ATP-Punkt. Ich wollte nicht brechen mit dem Tennis.

Ich gewann das erste Match. Stand im Finale der Qualifikation. Mein Gegner war ein Profi, der länger nicht gespielt hatte und in der deutschen Rangliste abgerutscht war. Es war ein entspanntes Match, traumhaftes Wetter, er schlug mich 6:2, 6:3. Ich spielte gut, hatte aber keine Chance. Ich trug mich als Lucky Loser ein. Wollte ins Hauptfeld wie Leonardo Mayer damals in Hamburg. Wartete eine Stunde. Es tat sich nichts. Ich gab auf, fuhr an den Starnberger See und trank in einem Biergarten Augustiner.

»Felix Hutt, bitte dringend bei der Turnierleitung melden«, erklang es aus den Lautsprechern, kurz nachdem ich die Anlage verlassen hatte. Ein Spieler hatte in letzter Minute abgesagt. Ich hätte im Hauptfeld antreten können. Aber Felix Hutt, der Lucky Loser, war nicht mehr da.

14. Bonus Track

Zehn Dinge, die man vom Tennis fürs Leben lernen kann

Ich habe zu Beginn dieses Buches geschrieben, dass ein Tennisspieler wie ein Haus sei. Ein Gebäude, das auf soliden Grundfesten stehen, dessen Zimmer geplant, gepflegt und aufgeräumt sein müssen, wenn man Erfolg haben will. Für mich geht dieser Prozess des Hausbaus über den Tennissport hinaus. Mir hilft das, was ich mir im Training und im Match erarbeite, auch außerhalb des Platzes. Ich habe zehn meiner wichtigsten Lehren identifiziert und sie in diesem Kapitel in kurzen Episoden aufgeführt.

Vor jeder Episode steht ein Zitat des großen Arthur Ashe. Der Amerikaner war der erste dunkelhäutige Spieler, der für die USA Davis Cup spielte. Er gewann 1975 Wimbledon, erkrankte Anfang der 1980er-Jahre an AIDS und starb 1993 mit fünfzig Jahren. Ashe engagierte sich gegen Rassismus und für die Bekämpfung der Immunkrankheit. Er war mehr als ein Sportler. Er brachte seine Prominenz und seinen Intellekt ein, um zu helfen. Die Ashe-Schleife, die man sich ans Revers heften kann, ist das Symbol seiner Arthur Ashe Foundation und bis heute ein Zeichen gegen die Stigmatisierung von HIV-Erkrankten.

Seine Weisheiten dienen als Inspiration für diesen Bonus Track. Im Gegensatz zu mir gelang es Ashe, die Bedeutung von Tennis für das Leben prägnant und philosophisch auszudrücken.

Struktur
»Start where you are. Use what you have. Do what you can.«
Arthur Ashe

Ein guter Tennisspieler setzt sich im Wesentlichen aus drei Bausteinen zusammen: Psyche, Physis, Material. Viele würden jetzt einwenden, ein guter Spieler brauche auch Talent. Aber Talent ist ein Bonus, mit dem man nicht planen kann. Die drei Bausteine müssen aufeinander abgestimmt sein, wenn man erfolgreich spielen will. Fällt einer aus, wird es schwer, ein Match zu gewinnen. Trainiert man sie mit Struktur, kann man einen Ausfall vermeiden. Die drei Komplexe lassen sich ergänzen und auf andere Sportarten, Berufe oder Lebensbereiche übertragen. Das Prinzip, das zum Erfolg führt, bleibt gleich:
Erkennen. Strukturieren. Arbeiten.

Am Anfang steht das Bewusstsein, dass man sich in ein Match, in eine Aufgabe kopflos stürzen kann, wie ein Kind in ein Abenteuer. Das ist aufregend, führt jedoch selten zum Erfolg. Man kann auf das Glück hoffen, aber das Glück ist eine Diva, die kommt und geht, wann sie will. Das Abenteuer lässt sich besser bewältigen, wenn man darauf vorbereitet ist. Wenn man seine Bausteine identifiziert und trainiert hat. Wenn man weiß, was man braucht, um die Herausforderungen und Widrigkeiten zu überwinden. Als Tennisspieler muss man sich bewusst machen, wie man Geist, Körper und

Material so in Form bringt, dass sie im Match miteinander funktionieren.

Nach dem Identifizieren kommt das Sortieren der Bedürfnisse. Mit welchem Schläger, mit welcher Bespannungshärte trete ich an? Wie trainiere ich meinen Körper, damit er mich auf dem Platz nicht im Stich lässt? Was tue ich dafür, dass ich mich am Tag des Matches auf Tennis konzentrieren kann und nicht an eine Präsentation an der Universität, eine Konferenz mit meinen Vertriebskollegen oder an ein Date denken muss?

Weiß man schließlich, was man braucht, um sich gut vorbereitet der Herausforderung zu stellen, konzipiert man einen Trainingsplan. Er muss sich mit dem Alltag vereinbaren lassen. Die Ziele, die man sich setzt, müssen erreichbar sein, sonst verliert man die Lust. Am besten arbeitet man mit Zwischenzielen, die man schneller erreichen kann. Wer einen Berg besteigen will, legt auch Pausen ein, übernachtet auf halber Höhe, sammelt Kraft für die nächste Etappe. Wer kopflos auf den Gipfel stürmt, dem geht die Luft aus. Wer ihn sich zurechtlegt und erarbeitet, wird ihn erreichen.

Es ist wichtig, dass die Struktur, in der man arbeitet, ausbalanciert ist. Viele Tennisspieler kümmern sich vor allem um ihren Körper, ihre Schläge, ihr Material, und vernachlässigen den mentalen Aspekt des Sports. Aber eine ausgebildete und trainierte Psyche kann den Unterschied zwischen Sieg und Niederlage machen. Was nützt mir der fitteste Körper, der beste Aufschlag, wenn ich nicht in der Lage bin, sie in den entscheidenden Momenten einzusetzen?

Steht die Struktur, kann man mit dem Wichtigsten beginnen: der Arbeit.

Konstanz

»Success is a journey, not a destination. The doing is usually more important than the outcome. Not everyone can be Number 1.« Arthur Ashe

Der Schriftsteller Malcolm Gladwell beschrieb in einem Buch, warum sich zwei Tennistalente unterschiedlich entwickelt hatten. Der Erfolgreichere hatte über die Jahre Zehntausende Bälle mehr geschlagen als der andere. Emmanuel Agassi, der Vater von Andre Agassi, ließ seinen Sohn schon im Alter von sechs Jahren 2500 Bälle am Tag über das Netz prügeln. Im Jahr sollte der kleine Andre auf eine Million Bälle kommen, weil sein Vater überzeugt war, dass ihn die Wiederholungen zu einem Champion formen würden. Übung macht keinen Meister, aber sie eröffnet die Möglichkeit, einer zu werden.

Es spielt keine Rolle, ob man eine Opernsängerin in der Mailänder Scala, Roger Federer in Wimbledon oder die Bücher von Jonathan Franzen bewundert. Hinter allem steckt harte, einsame Arbeit. Jahrelange Wiederholungen der immer gleichen Abläufe sind die Basis für Exzellenz. Wer Erfolg ohne konstantes Arbeiten verspricht, der verkauft auch Autos ohne Motor.

Ich nehme nicht durch eine Pille ab. Ich schreibe keinen Bestseller, weil ich eines Morgens als Genie aufgewacht bin. Ich werde nicht Partner der Kanzlei, wenn ich mich davor nicht in vielen Prozessen bewährt habe. Und ich schlage im Tie-Break des entscheidenden dritten Satzes kein Ass, wenn ich meinen Aufschlag nicht millionenfach geübt habe.

Wer Erfolg haben will, braucht Demut für konstantes Arbeiten. Charles Schumann, Besitzer der gleichnamigen Bar in München, sitzt an vielen Morgen vor seiner Küche und schält Kartoffeln. Abends sagen ihm seine Gäste dann, wie köstlich seine Bratkartoffeln sind. Er weiß, warum sie so gut schmecken. Auch Roger Federer weiß, was die Basis für seine Siege ist. Die Momente auf dem Center Court sind die Belohnung für seine Qualen, die die Zuschauer nicht mitbekommen.

Konstantes Arbeiten zahlt auf ein Sparbuch des Erfolgs ein. Die Automatismen, die ich mir durch beharrliches Üben aneigne, verlassen mich auch dann nicht, wenn der Druck im Match zunimmt oder wenn ich bei der mündlichen Prüfung meiner Doktorarbeit vor den Professoren stehe.

Habe ich meine Schläge oft genug geübt, verselbstständigen sie sich in Momenten, in denen ich mit der Belastung schwer klarkomme. Habe ich aber nicht konstant gearbeitet, gerate ich in Panik, weil ich nichts auf meinem Sparbuch habe, das mir helfen kann. Ein guter Tennisspieler ist das Ergebnis einer Erkenntnis, die andere für ihn haben mussten, weil seine Entwicklung schon im Kindesalter beginnt. Wer nicht bereit ist, die Monotonie und Rückschläge der täglichen Arbeit hinzunehmen, wird keinen Erfolg haben. Wer konstantes Arbeiten an sich selbst über den Tennissport lernt oder gelernt hat, profitiert davon in allen Lebensbereichen, in denen Leistung verlangt wird.

Selbstvertrauen

»One important key to success is self-confidence. An important key to self-confidence is preparation.« Arthur Ashe

Es gibt zwei Arten von Selbstvertrauen: das natürliche Selbstvertrauen und das erreichte Selbstvertrauen. Für das natürliche Selbstvertrauen muss man nichts tun. Es ist ein Schatz, der einem von den Eltern mitgegeben wird. Wer von Anfang an wertgeschätzt, respektiert und gefördert wird, muss sich das Selbstvertrauen später nicht mühsam antrainieren. Das natürliche Selbstvertrauen verleiht Selbstsicherheit, die später nicht nachgeholt werden kann.

Die zweite Form von Selbstvertrauen ist die, die man erwirbt, wenn man etwas erreicht. Ich vertraue mir selbst, weil die anderen sagen, dass ich etwas gut kann, weil ich immer wieder bewiesen habe, dass ich ein exzellenter Aufschläger bin. Bei außergewöhnlich erfolgreichen Menschen ergänzen sich beide Arten von Selbstvertrauen. Roger Federer wurde schon als Junior von seinem Umfeld unterstützt, sein natürliches Selbstvertrauen dank seiner Erfolge durch ein erreichtes Selbstvertrauen komplettiert.

Das Selbstvertrauen, das aus der Kindheit resultiert, kann man sich nicht aneignen. Es ist Glück, die richtigen Eltern zu haben.

Anders verhält es sich mit dem erreichten Selbstvertrauen. Ich kann auf den Platz gehen und meine Vorhand so lange trainieren, bis ich ihr vertraue. Ich kann auf Turniere fahren und mich immer wieder Herausforderungen stellen, bis ich sie bewältige. Ich kann mich so lange auf ein Vorstellungsgespräch vorbereiten, dass ich an mich glaube, wenn ich vor meinem neuen Chef stehe. Ich kann mir Selbstvertrauen erarbeiten. Das erreichte Selbstvertrauen ist ein anderes als das, das mir als Kind verwehrt wurde, aber immerhin habe ich es mir selbst verdient. Es fühlt sich gut an, wenn man damit ein Match gewinnt, mit seinem erarbeiteten Selbstvertrauen durchs Leben geht.

Mut
»You've got to get to the stage in life where going for it is more important than winning or losing.« Arthur Ashe

Das Match beginnt. Die Theorie wird zur Makulatur. Die Vorbereitungen sind abgeschlossen. Man hat alles getan, was man tun konnte. Die drei Bausteine sind erkannt, trainiert und gepflegt. Jetzt darf man sich ins Abenteuer stürzen, braucht keine Angst zu haben. Man muss nur noch springen. Klingt einfach und logisch, ist es aber nicht.

Auf der Bühne, auf dem Platz, vor dem weißen Blatt Papier – die Schauplätze sind austauschbar, das Phänomen ist das gleiche: *Stage Fright*. Lampenfieber. Torschusspanik. Schreibblockade. Die Schauspielerin vergisst ihren Text, obwohl sie ihn im Schlaf sprechen konnte. Der Torwart lässt Bälle ins Tor, die er noch gestern im Training mit einer Hand gefangen hat. Der Schriftsteller formuliert schiefe Sätze, obwohl er viele kreative Gedanken hat.

Wer Erfolg haben will, muss loslassen können. Springen, ohne Angst vor den Konsequenzen. Wer mit dem Schreiben beginnt, muss akzeptieren, dass das, was man schreibt, nicht jedem gefallen wird. Wer auf die Bühne geht, muss damit leben, dass Kritiker die Rolle verreißen. Wer ein Tennismatch bestreitet, muss akzeptieren, dass am Ende nicht immer ein Sieg stehen kann, egal wie strukturiert man sich vorbereitet hat.

Ab dem ersten Punkt eines Matches gehört es nicht mehr mir. Ich beeinflusse es, so gut ich kann, aber ich muss es kommen lassen. Es gibt mir ein gutes Gefühl, alles für den Erfolg getan zu haben. Aber es ist keine Garantie für den Sieg. Wer spielt, der nimmt das Verlieren in Kauf. Wer springt, riskiert, dass er sich verletzt. Das tut weh. Aber das ist das Leben.

Menschenkenntnis

»Clothes and manners do not make the man; but when he is made, they greatly improve his appearance.« Arthur Ashe

Ein Tennismatch beginnt für mich, lange bevor ich mit meinem Gegner den Platz betrete. Sobald ich nach der Auslosung weiß, mit wem ich es zu tun haben werde, erstelle ich ein möglichst präzises Bild meines Kontrahenten. Er ist die große Hürde, die zwischen mir und dem Erfolg steht. Je besser ich ihn kenne, je mehr ich über seine Schwächen Bescheid weiß, desto einfacher kann ich die Hürde überwinden. Und je früher ich anfange, meinen Gegner zu analysieren, umso weniger kann er mich im Match überraschen.

Ich beginne meine Recherche im Internet. Sortiere nach *soft* und *hard facts*, nach seinen Ergebnissen bei den letzten Turnieren. Nach menschlichen Eindrücken, zum Beispiel über seine Profile in den sozialen Netzwerken. Am Tag des Matches versuche ich vor ihm auf der Anlage zu sein. Ich beobachte, wann er ankommt, wie er sich aufwärmt, wer ihn begleitet. Hüpft er nervös vor dem Klubhaus herum? Isst er eine halbe Stunde vor dem Match einen Schweinebraten? Ein Gegner, der früh da ist, sich eingespielt hat, mit seinem Trainer eine Taktikbesprechung macht, wird sich von mir wahrscheinlich nicht überraschen lassen. Einer, der gerade von der Autobahn kommt und auf den Platz hetzt, wird zu Beginn des Matches anfällig sein.

Das Beobachten setzt sich im Match fort. Wie atmet er? Wie lange braucht er beim Seitenwechsel? Wie reagiert er, wenn ich aggressiv bin, zum Beispiel etwas über den Platz schreie? Wie verhält er sich, wenn er in Drucksituationen gerät, es 0:40 bei seinem Aufschlag steht? Wie geht er damit um, wenn ein fremder Ball ins Feld rollt, der Ballwechsel abgebrochen und wiederholt werden muss, obwohl er nur noch eine einfache Vorhand hätte wegspielen müssen? Wie agiert er, wenn es nicht läuft? Hadert er mit sich, oder bleibt er gelassen und souverän? Gibt er sich früh auf, oder ist es ein Gegner, den Widrigkeiten zum Kämpfen animieren? Hat er Selbstvertrauen, oder tut er nur so?

Aus meinen Eindrücken erstelle ich ein Bild meines Gegners, wie ein Profiler, der einen Verbrecher sucht. Ich will ihn lesen. Suche seine Schwächen und versuche sie auf dem Platz auszunutzen. Hat er kurz zuvor etwas gegessen, lasse ich ihn laufen. Ist er nervös, riskiere ich nichts, denn wahrscheinlich wird er erst mal leichte Fehler machen. Nervt ihn seine Mutter, sage ich ihm beim Seitenwechsel, wie mich so eine Mutter nerven würde. Man gewinnt Tennismatches einfacher, wenn man weiß, wen man besiegen muss.

Es hilft zu wissen, mit wem man es zu tun hat, wenn man in ein Vorstellungsgespräch geht. Wenn man mit seinem Chef über eine Gehaltserhöhung verhandelt. Wenn man einem Kunden etwas verkaufen möchte. Wenn man mit seiner Frau über Kindererziehung diskutiert. Wer Tennis spielt, lernt auf die Details seines Gegenübers zu achten. Stärken und Schwächen zu analysieren. Beim Tennis trainiert man seine Menschenkenntnis, die nicht nur auf dem Platz von Nutzen ist.

Haltung

»*Regardless of how you feel inside, always try to look like a winner. Even if you are behind, a sustained look of control and confidence can give you a mental edge that results in victory.«* Arthur Ashe

Ich war vor vielen Jahren mit einer Spanierin zusammen. Sie schaute bei einem Match von mir zu. Und dann nie wieder. Sie konnte nicht fassen, dass ich auf dem Platz schrie und lamentierte, alles von mir preisgab.

»*Dar la postura!*«, sagte sie hinterher, »Haltung bewahren!«.

Ich sollte bei mir bleiben, meinem Gegner nichts über meine Gefühle verraten.

Ich dachte damals: Was verstehst du denn von Tennis, *amiga*?

Heute weiß ich, sie hatte recht.

Ich muss davon ausgehen, dass mein Gegner vor und während eines Matches dieselben Methoden anwendet wie ich. Auch er versucht mich zu lesen. Ich war den Großteil meiner Karriere ein Buch, das jeder in der Tennisszene auswendig kannte. Sehr einfach zu lesen. Gelang es, den Hutt zu reizen, und das war nicht schwer, hatte man schon gewonnen. Begann er zu brüllen und den wilden Mann zu markieren, war man auf einem guten Weg. Starker Aufschlag hin oder her.

Viele Topspieler, von Andre Agassi über Boris Becker bis Roger Federer, waren anfangs auf dem Platz ebenfalls sehr emotional. Aber sie lernten im Laufe ihrer Karriere ihre Gefühle nicht mehr nach außen zu tragen. Sie waren erfolgreicher, wenn sie ihre Emotionen kontrollierten. Sie konservierten Energie und verrieten ihren Gegnern nicht, was in ihnen vorging. Sie verbargen ihre Schwächen. Björn Borg war einer der erfolgreichsten und faszinierendsten Spieler aller Zeiten, weil er seine Emotionen so gut im Griff hatte, dass einige Berichterstatter sogar an seinem Menschsein zweifelten. Aber auch er musste Haltung lernen. Den Vorteil erkennen, den er hatte, wenn er auf dem Platz cool blieb. Als Jugendspieler flippte er häufig aus, schmiss seinen Schläger, wurde sogar einmal vom Verband gesperrt.

Für das »*Dar la postura*« der Spanier habe ich mittlerweile meine eigene Übersetzung gefunden. Ich nenne das »Stärke repräsentieren, auch wenn man sich nicht stark fühlt«. Das Prinzip gehört für mich zum Wichtigsten, was ich vom Tennissport auf mein Leben übertragen habe.

Ich möchte entscheiden, wann ich mich lesen lasse und wann nicht. Auf dem Platz, aber nicht nur da. Ich zeige meinem Gegner/Gegenüber nicht mehr, dass ich wütend oder erschöpft bin. Ich versuche zu kontrollieren, wann ich Emotionen zeige, richtig einzuschätzen, wann es nützlich ist und wann es mich blockiert. Ich entscheide, wann ich meine Gefühle zeige. In welchen Momenten es mir hilft und wann es mir schadet. Wer es wert ist, dass ich ihr/ihm etwas von meinem Innenleben preisgebe. Wenn ich es brauche, gebe ich vor, stark zu sein. Noch einen Satz bei 35 Grad spielen zu können, noch eine Nacht durchschreiben zu können, noch eine Extrameile laufen zu können, um mein Ziel zu erreichen. Wie ich das erreiche, erfährt niemand, wenn ich das nicht möchte.

Selbsthilfe

> *»You really are never playing an opponent. You are playing yourself.«* Arthur Ashe

Tennis lehrt, Probleme allein zu lösen. Es gibt auf dem Platz niemanden, der einem hilft. Man hat sich, seine Schläge, seine

Physis, seinen Schläger, seinen Kopf. Das muss reichen. Verlässt mich meine Freundin, gibt es Freunde, die ich um Rat und Trost bitten kann. Verlässt mich im dritten Satz mein Aufschlag, muss ich ihn allein wiederfinden.

Es ist ein Phänomen des Zeitgeists, dass man sich vermeintlich überall und zu allem Rat holen kann. Es gibt wenig, auf das es im Internet keine Antworten zu googeln gibt. Wir geben die Autonomie der Selbsthilfe an Suchmaschinen ab. Auf dem Tennisplatz geht das zum Glück nicht.

Ich stand schon häufiger vor der Situation, dass ich hoch geführt habe, aber das Match nicht zumachen konnte. Man verzweifelt dann, weil man der bessere Spieler ist, sich aber nicht mit dem Sieg belohnt. Die Verzweiflung wächst mit jedem Spiel, das der Gegner aufholt. Auf einmal reicht die Strategie nicht mehr, die einem die Führung beschert hat. Auf einmal brennt die Sonne so viel heißer vom Himmel. Auf einmal steigert sich der Puls nach jedem Ballwechsel zu einem Rasen, wo er doch so ruhig war, noch vor ein paar Minuten. Auf einmal schmerzt sie wieder, die verdammte Schulter. Auf einmal ist die Ziellinie mit einer Mauer verbarrikadiert.

In diesen Momenten ist man unfassbar einsam. Man muss aber nicht hilflos sein. Man kann diese Situationen visualisieren. Sie im Vorfeld in die Vorbereitungen mit einbeziehen. *Expect the unexpected.* Wenn man in den Urlaub fährt, hat man auch einen Ersatzreifen dabei.

Und man kann sich in diesen Momenten helfen, indem man sich zu lieben lernt. Klingt esoterisch, ist aber wichtig. Es steht 5:5 im dritten Satz, nachdem ich schon 6:1, 5:2 geführt und zum Matchgewinn aufgeschlagen habe. Es wäre jetzt leicht, Selbsthass zu kultivieren.

»Du Depp, warum hast du das Match nicht zugemacht?«

Ich kann mich aber jetzt auch unterstützen. Ich habe nur mich, also pflege ich dieses Ich. Schimpfe es nicht. Rede ihm gut zu.

Ja, ist blöd, dass du die Führung abgegeben hast, aber du schaffst das schon. Das Match ist doch noch völlig offen. Erinnere dich daran, wie du vor einer halben Stunde aufgeschlagen hast. Du weißt, dass deine Vorhand eine Waffe ist. Es ist nicht alles schlecht, weil es ein paar Minuten nicht lief. Und so weiter. Selbsthilfe gelingt nur, wenn man den, dem man helfen will, richtig gern mag. Auch das gilt nicht nur auf dem Tennisplatz.

Frustrationstoleranz

»*The ideal attitude is to be physically loose and mentally tight.*« Arthur Ashe

Wie viele Tage enden so, wie man es vorher geplant hatte? Nach dem Aufstehen wollte man eigentlich eine Stunde joggen, danach etwas Gesundes frühstücken, die Bahn nehmen, in der Arbeit viel erledigen und schließlich abends eine Flasche Wein mit der Liebsten trinken. Aber dann hatte es nachts geschneit, die Wege waren vereist, das Joggen fiel aus. Das Obst war verfault, man aß wieder zuckriges Schokomüsli. Die Bahn hatte Verspätung, weshalb man die Konferenz verpasste und einen Rüffel vom Chef bekam. Statt viel zu erledigen, dachte man viel über die eigene Kündigung nach. Und als man abends mit seiner Liebsten darüber sprechen wollte, sagte sie, man sei zu negativ, und ging zum Yoga. Die Flasche Wein trank man allein, der nächste Tag begann mit einem mächtigen Kater.

Das Leben verläuft selten so, wie man es sich wünscht. Das

ist nicht neu. Aber wer mit den unerwarteten Fallen des Alltags nicht klarkommt, sich von ihnen provozieren oder aus der Bahn werfen lässt, dem kann der Tennissport als Lebenshilfe dienen. Auf dem Platz ist man eigentlich nur Schwierigkeiten ausgesetzt, die man nicht erwartet hatte. Der Gegner, das Wetter, der Platz, das eigene Unvermögen – Tennis ist ein ständiger Test der eigenen Toleranzfähigkeit.

Ich spiele in der Punktspielrunde bei den Herren 30 manchmal gegen Gegner, die langsame Aufschläge gewohnt sind. Sie stehen etwas weiter hinter der Grundlinie, holen gemütlich aus und returnieren dann meist *crosscourt*. Wenn ich schnell aufschlage, zum Beispiel auf den Körper, können sie nur reagieren. Sie spielen einen unorthodoxen Ball zurück, der ohne viel Tempo hinter dem Netz aufspringt und für mich wahnsinnig schwer zu verarbeiten ist. Ich muss nach vorne rennen und den Ball unter Netzhöhe beschleunigen, gleichzeitig darauf achten, in welche Ecke mein Gegner sich bewegt, damit ich ihm nicht in den Schläger spiele, er mich passieren oder, noch demütigender, überlobben kann. Aus meinem starken Aufschlag, meinem vermeintlichen Vorteil, wird wegen des Unvermögens meines Gegners ein Nachteil.

»Krüppelreturn!«

»Gichtelreturn!«

»Scheiß Zufallsreturn!«

»Ich hasse dieses Seniorengeschubse!«

Diese Aussagen hat der Spieler Felix Hutt jahrelang über die Tennisanlagen Bayerns gebrüllt, wenn ihn einer dieser Notrückschläge mal wieder um einen Punkt gebracht hat. Meist gingen dann die nächsten Punkte gleich mit in die Hose.

Man kann die Returns durch Wind, Handygeklingel, bellende Hunde, schreiende Babys oder Platzfehler ersetzen. Wenn man danach sucht, findet man viele Gründe, die das eigene Versagen rechtfertigen sollen. Es gibt viele Widrigkeiten, mit denen sich das eigene Ausrasten entschuldigen lässt. Allerdings gewinnt man so keine Matches. Man besteht auch nicht im Alltag, wenn einen die verspätete Bahn verzweifeln lässt, der laute Kollege im Büro nebenan oder der Kumpel, der andere Abendpläne hat als man selbst. Schimpfen und Ausrasten ist die bequeme Lösung, sie bringt einen nur nicht weiter.

Der Schriftsteller David Foster Wallace hat einmal eine Rede an seiner Universität gehalten, aus der der brillante Text »This is water« geworden ist. Er beschreibt Ärgernisse aus dem Alltag, wie das Warten an der Supermarktkasse, und wie mühsam es ist, damit angemessen umzugehen. Er erklärt, dass man gegen dieses Gefühl mit Verständnis und Selbstdisziplin angehen kann und sich dieser Aufwand am Ende lohnt. »Ich glaube«, schreibt Foster Wallace, »das geisteswissenschaftliche Mantra, ›das Denken zu lernen‹, läuft im Grunde darauf hinaus, dass ich ein bisschen Arroganz ablege, ein bisschen ›kritisches Bewusstsein‹ für mich und meine Gewissheiten entwickle ... denn das Zeug, dessen ich mir automatisch sicher bin, erweist sich großenteils als total falsch und irreführend.«

David Foster Wallace, nebenbei bemerkt, war ein herausragender Collegespieler und träumte von einer Profikarriere.

Um ein guter Tennisspieler zu werden, muss man lernen, resistent auf Ablenkungen zu reagieren. Toleranzfähig zu sein, auch gegenüber sich selbst. Man kommt auf dem Platz nicht nur durch unorthodoxe Returns oder versprungene Bälle in Situationen, in denen man aus der Haut fahren möchte. Die meiste Zeit hat man mit den eigenen Unzulänglichkeiten zu kämpfen. Weder der Gegner noch der Wind können etwas für den Doppelfehler bei 30:40, der einen das Break kostet. Die Liebste, die mit ihrer Oma am Handy telefoniert, ist nicht schuld an der verschlagenen Vorhand ins offene Feld. Und die Sonne, die steht über allen und allem gleich. Nein, sie scheint nicht besonders grell auf der Seite, auf der man aufschlägt.

Toleranzfähigkeit kann man üben wie einen Rückhand-Slice. Man muss sich immer wieder korrigieren, wenn das innere Messer aufzugehen droht. Es erfordert Selbstdisziplin und Geduld, man schafft das nicht in ein paar Wochen. Aber irgendwann kommt die Belohnung für die Arbeit. Dann werden Ärger und Wut von einem neuen Gemütszustand abgelöst. Der Gelassenheit. Sie ist die wichtigste Eigenschaft unserer Zeit. Die Gelassenheit macht einen zu einem erfolgreicheren Tennisspieler und besseren Menschen, davon bin ich überzeugt.

Auch wenn diese Decksreturns kurz hinter das Netz wirklich verboten gehören.

Nach vorne denken

»If I were to say, ›God, why me?‹ about the bad things, then I should have said, ›God, why me?‹ about the good things that happened in my life.« Arthur Ashe

Tennis kann ein wunderbares Ventil sein, um zu hadern. Frust abzubauen. Es ist so leicht. Einfach immer über den letzten verlorenen Punkt aufregen. Wenn man nicht Steffi Graf oder Pete Sampras heißt, dann kommen da während eines Matches ziemlich viele zusammen. Man kann jeden von ihnen ausgiebig beklagen. Sich mit dem beschäftigen, was war, und dabei die Gedanken an das, was ist und kommt, vernachlässigen.

Ein guter Tennisspieler denkt nur nach vorne. Auch das kann man lernen. Roger Federer blendet den letzten Punkt aus. Er hakt nicht nur die verlorenen, sondern auch die gewonnenen Punkte sofort ab. Verdrängt Rückschläge wie leichte Fehler oder Satzverluste, weil er weiß, dass ihm das Hadern mit der Vergangenheit auf dem Platz nicht weiterhilft. Während die Zuschauer noch eines seiner Asse beklatschen, überlegt er schon, wohin er seinen nächsten Aufschlag platzieren wird.

Man kann vom Tennis lernen, nach vorne zu schauen. Nur an die direkte Zukunft zu denken. Zu versuchen, sie zu gestalten, anstatt zu beklagen, was falsch gelaufen ist. Was zählt, ist nicht das, was man nicht mehr ändern kann, sondern das, was kommt. Der nächste Punkt, der nächste Satz, das nächste Match, das nächste Turnier, die nächste Vorlesung, der nächste Auftritt, das nächste Date.

Kampf

»Wherever I am when you feel sick at heart and weary of life, or when you stumble and fall and don't know if you can get up again, think of me. I will be watching and smiling and cheering on.« Arthur Ashe

Jimmy Connors spielte 1987 als 35-Jähriger im Achtelfinale von Wimbledon gegen den Schweden Mikael Pernfors. Die Karriere des Amerikaners ging zu Ende. Pernfors war einer der *upcoming* Stars der Tenniswelt. Pernfors führte 6:1, 6:1, 4:1 und schlug auf. Das Match schien gelaufen.

Nicht für Connors. Er wollte nicht wie ein beschämter Tennis-Senior Wimbledon verlassen. Er sagte sich, dass er noch härter kämpfen musste. Connors breakte Pernfors, hielt seinen Aufschlag, breakte noch einmal und gewann den dritten Satz mit 7:5. Am Ende siegte er 1:6, 1:6, 7:5, 6:4, 6:2. Connors hatte aus einem gebrauchten Tag eine Wimbledon-Legende erschaffen. Weil er sich geweigert hatte aufzugeben, bevor der letzte Punkt gespielt war.

Jeder hat einen Jimmy Connors in sich, aber es kostet Kraft, an ihn zu glauben. Es ist leichter, die Niederlage zu akzeptieren, als sich ihr entgegenzustellen. Sollte heute nicht sein, dann eben beim nächsten Mal. Aber es gibt nicht für alles ein nächstes Mal. Jedes Match ist ein Unikat. Jeder Moment auch. Wer nach einer Niederlage feststellt, dass er nicht alles getan hat, um sie zu verhindern, hat ein zweites Mal verloren.

Es lohnt sich immer zu kämpfen, auch wenn der Kampf nicht immer einen Sinn ergeben mag. Solange der Gegner den letzten Punkt nicht gemacht hat, kann man ein Match noch drehen. Solange sie einen noch anlächelt, ist sie noch nicht verloren. Solange er noch atmet, ist er nicht gestorben. Es ist nichts zu Ende, bevor es zu Ende ist. Kein Tennismatch, kein Job, keine Beziehung, kein Leben.

Danke / Thank you:

Guapa Linda
Alexander Satschko
Tobias Haberl
Axel Funk
Amir
Noam Behr
Anthony Harris und Academy
Florian Maier, HEAD
Ole Mahlecke, Solinco
Christian Singer
Daniel Oertel
STK Garching
Andrew & Penny Knight
Volker Nagel
Marcus Hoser
Nik Albert, Tennis-Point
Rakesh und Ajeet Rai

Bildnachweis:

Seite 1: © Sandra Hoyn
Seite 2, unten rechts: © Alexander Satschko
Alle anderen Fotos: © Felix Hutt